MARCELLA BASTOS

A DOR QUE ABRE OS CÉUS

Como uma terrível doença me aproximou da vontade de Deus

MARCELLA BASTOS

A DOR QUE ABRE OS CÉUS

Como uma terrível doença me aproximou da vontade de Deus

A DOR QUE ABRE OS CÉUS
Copyright 2018 Autor da Fé Editora
Categoria: Vida Cristã

Primeira Edição - 2018
Todos os direitos reservados.
É proibida a reprodução total ou parcial sem a permissão escrita dos editores.

As citações bíblicas foram extraídas da edição Almeida Revista e Corrigida

Autor: Marcella Bastos
Diagramação: Matheus Henrique
Capa: Daniel Gonçalves
Correção: Denise Oliveira
Revisão: Leonardo Bueno

Foto: Catavento Produções
Maquiagem: Patrícia Campos

Coordenação Editorial: Filipe Mouzinho

› Rua Placídio Covalero, 341 · Jd. São Lourenço
Bragança Paulista · SP · CEP: 12908510
📞 11 3403 5129
✉ contato@autordafe.com.br

🄵 autordafe
📷 autordafeoficial
↳ autordafe.com.br

Este livro é dedicado a você, meu querido leitor, que se propôs a viajar no tempo e reviver comigo a maravilhosa ação do poder de Deus em minha vida. Esse Deus, cujos caminhos são mais altos que os nossos e que é bom em todo o tempo!

Agradecimentos

"Se as palavras não mostrarem como é grande a minha gratidão..."

Vou tentar colocar em palavras a gratidão que trago no coração.

Então vamos lá, que a lista não é pequena (rs).

Sou grata:

Ao meu Deus, por me amar além do que a minha mente consegue compreender e por me atrair até Ele todos os dias. Obrigada, Paizinho, por fazer muito mais do que sou capaz de pensar. "E nunca me deixes esquecer que tudo o que tenho, tudo o que sou e o que vier a ser, vem de Ti, Senhor!". A Ti todo meu amor e devoção até meu último fôlego!

Aos meus pais, que só de escrever sobre eles as lágrimas descem. Obrigada por me apresentarem ao Senhor, obrigada por terem me mostrado o caminho e por tê-lo percorrido comigo. Obrigada por terem se doado totalmente nesses quase três meses tão longos e tenebrosos. Obrigada por serem o grande homem e a grande mulher da minha vida. Amo vocês!

A minha irmã, por um dia ter pedido a Deus que eu nascesse; por me amar e cuidar de mim durante todo esse difícil processo e por continuar cuidando agora, todos os dias de manhã quando a gente acorda. I Love you!

A minha avó, aos meus tios e primos, obrigada por sempre estarem ao meu lado e me fortalecerem como família. Ficar boa para competir nos 'Jogos Familiares' foi uma das melhores partes de ter levantado da cama. (rs)...

A Val, obrigada por ter ficado ao meu lado em cada um desses dias difíceis. Sua presença, sua ajuda, seu desprendimento, seu carinho e cuidado fizeram toda a diferença. Val, sem você teria sido terrível.

Ao Pr. Paulo Lima e à Pra. Claudia Lima, o amor de vocês me constrange e a vida de vocês me inspira! Obrigada, muito obrigada! Este livro só existe porque vocês amam a Deus, e O amando, disseram sim a Ele, e eu fui beneficiada com esse amor, obediência e com a proposta de escrever um livro! Nem mil palavras seriam capazes de descrever a minha gratidão, amor, carinho e respeito por vocês. Mais uma vez, muito obrigada!

Ao ministério pastoral da Igreja Missionária Evangélica Maranata, meus pastores queridos e amados, que me pastoreiam desde pequenina. Esta ovelhinha aqui ama vocês. E em especial aos meus pastores-presidentes, Pr. Paulo e Pra. Claudete Brito, obrigada por aceitarem fazer a minha apresentação neste livro e, sobretudo, obrigada por terem dito sim ao chamado de Deus, porque a Maranata é o meu lar espiritual.

Ao Reverendo JR Vargas, por topar fazer o prefácio deste livro, por me ensinar o que é a rádio, e, sobretudo, por me lembrar naquele dia em 2011, em que quase desisti, que *"O que é, já foi; e o que há de ser, também já foi; Deus fará renovar-se o que se passou"* (Eclesiastes 3:15).

Aos meus amigos da Rádio 93 FM; de fato somos uma família! Ao lado de vocês eu gargalho todos os dias, eu choro em dias difíceis... Eu sou feliz. Levantar da cama e voltar a trabalhar foi uma alegria sem fim! A gente se diverte, mas antes que alguém fale, também trabalhamos muito (rs). Equipe nota 10! E por falar em equipe nota 10, um obrigada especial à minha chefe Andrea Maier, a líder dessa equipe, uma amiga... Obrigada por estar comigo, e acho que vou te dar um abraço (rs).

À direção do Grupo MK de Comunicação, Deputado Arolde de Oliveira, D Yvelise de Oliveira e Cristina Xisto. Quando estava na cama, cada gesto de carinho de vocês me dava forças para lutar... Talvez vocês não saibam o quanto fizeram diferença na minha vida e o quanto os trago em meu coração.

Aos meus amigos, sejam da igreja, da época da escola e da faculdade, vizinhos, gente que a vida me deu e que hoje eu posso chamar de amigos, não importa o local onde nos conhecemos. Cada palavra, cada ligação, cada visita, cada sorriso, cada lágrima, TUDO isso foi combustível para a minha fé.

Aos meus adolescentes, os daquela época e os de hoje. Saber que vocês oravam e choravam pela 'titia' foi e é indescritível. Somente lembrar que o Senhor me levantou da cama e me permitiu estar no nosso acampamento naquele ano me arranca o melhor sorriso. Amo vocês, e como sempre digo, amo com um amor que não vem de mim. Jamais se esqueçam: nós vamos para o céu juntos! E aqui, aproveito para agradecer à liderança de adolescentes que trabalha comigo há anos; sem vocês seria impossível amar e viver esse ministério, obrigada por tudo, SEMPRE!

Ao meu editor, pastor Salomão, que com tanto carinho e paciência ouviu minha história e conduziu cada linha deste livro, obrigada mesmo!

Aos meninos da Catavento Produções (Elder e Douglas) e à Patrícia Campos, que me ajudaram com a foto e com a maquiagem desta capa. Gente, com vocês é mais que sessão de fotos, é pura diversão! Obrigada por tanto carinho, dedicação e risadas!

E por fim, um MUITO OBRIGADA MEGA ESPECIAL à galera da 'Autor da Fé'. Vocês foram fantásticos, pacientes ao extremo com minha agenda louca, sempre falando com doçura e brandura; retratos de Cristo. Aninha e Filipe Mouzinho, recebam toda a minha gratidão. Valeu Carlos, por toda paciência!

"Que darei eu ao Senhor, por todos os benefícios que me tem feito?"

(Salmo 116:12)

Sumário

APRESENTAÇÃO. 13

PREFÁCIO. 15

PRIMEIRA PARTE 17
TEASER

SEGUNDA PARTE 27
ANTES DA DOR

TERCEIRA PARTE 69
O ACIDENTE

QUARTA PARTE 127
TESTEMUNHOS

QUINTA PARTE 153
UMA ÚLTIMA PALAVRA

Apresentação

Marcella cresceu na Igreja e é fruto de uma família amada e temente a Deus.

Sua fidelidade ao Senhor vem desde sua infância, e desde muito cedo mostrou sua alegria e compromisso na evangelização.

Seu amor por Jesus foi o que a capacitou a passar por momentos difíceis sem nunca se afastar do Senhor. Desilusões em relacionamentos ou enfermidades quase fatais só fortaleceram a fé de Marcella. Ela enfrentou momentos decisivos de sua vida sempre com alegria, tendo Cristo como prioridade.

Além de jornalista competente, é uma líder entre os adolescentes e professora de estudo bíblico que tem cativado e inspirado a juventude de nossa igreja.

Deus tem muito mais a realizar através dessa jovem abençoada e comprometida com o Reino de Deus.

Pr. Paulo e Pra. Claudete Brito
(Pastores - presidentes da Igreja Missionária
Evangélica Maranata)

Prefácio

Prepare-se para ser surpreendido pelo poder de Deus. Esta obra descreve, num ritmo intenso e emocionante, os feitos do Senhor na vida de Marcella Bastos. O que ela viveu, e ainda vive, deve ser chamado de milagre. Até os médicos usam essa palavra.

Você verá a manifestação da graça do Senhor cuidando dela no tempo das dores sem sintomas e dos sintomas sem dores. As noites sofridas numa Unidade de Tratamento Intensiva são contadas com incrível bom humor.

Marcella nos apresenta sua família; é fácil perceber sua emoção através das letras. Há fervor espiritual numa família habituada a viver pela fé e a enfrentar grandes lutas. Ela também conta fatos curiosos da sua trajetória no jornalismo, e em especial, na rádio.

O livro nos mostra a Marcella longe dos microfones, do púlpito e da agitação do ministério. Você a verá frágil, mas forte; sem fala, mas pregando; sem equilíbrio, mas absolutamente estável. Esses contrastes revelam ainda mais do nosso poderoso Deus. Ele é o Protagonista da obra. A autora se comporta como alguém que narra a sua história para nos contar a história dEle, sem a qual não haveria a dela.

Este livro será uma bênção singular para sua vida. Leia--o com atenção. Medite na travessia pesada deste deserto e glorifique a Deus pelos diversos milagres realizados. Creia, o mesmo Senhor que operou na vida da Marcella também o fará em sua vida.

Reverendo JR Vargas (Apresentador do Debate 93 e Pastor da Igreja Presbiteriana das Américas)

1
PRIMEIRA PARTE
TEASER

Só agora entendo o maravilhoso cuidado de Deus, que se revela nos detalhes. Se eu tivesse ficado mais três dias no hospital, isso teria me custado mais dois meses e meio internada no CTI ou no quarto e longe de casa. Depois que eu cheguei ao meu querido lar, comecei a ter os terríveis sintomas da doença. Conforme o sangue foi sendo drenado pelo meu organismo, o coágulo começou a passar por meus neurônios e afetou os responsáveis pelo equilíbrio e por diversas funções fundamentais, que só percebemos o quanto são importantes quando nos faltam.

Eu havia chegado muito bem em casa, estava andando e fazendo planos. Bem que minha mãe havia dito que seria melhor eu ter ficado no hospital, pois ela não conseguiria me segurar em casa – ela tinha razão. Eu já tinha planos de fazer um evento de quinze anos de uma querida adolescente no sábado seguinte. Eu até estava me organizando para ir!

Foi então que comecei a sentir os sintomas que a Dra. Claudia Miranda dissera ao meu pai que eu teria. Aquela mulher foi um anjo na minha vida. Trajando uma calça e uma blusa despojada, além da mochila colorida, por trás de todo aquele estilo bem *hippie* estava uma mulher de profundo conhecimento naquela área da medicina. Enquanto outros se divertiam, ela estudava, e foi a primeira a diagnosticar o que eu tinha. Quando o papai foi levar os meus exames para que ela avaliasse, ele comemorou com um sorriso:

– A Marcella está em casa. A doutora gostou da notícia, mas alertou:

– Seu Carlos, ela agora vai levar, pelo menos, uns sessenta dias para se recuperar. E ainda virá um tempo muito difícil.

Três dias depois de voltar para nosso apartamento em Caxias, comecei a ter ânsias de vômito. Pensei que estivesse tendo outro AVC. Neste momento, eu já sabia o que era um acidente vascular cerebral e como ele se apresentava.

Minha amiga Valquíria estava lá em casa, e eu não queria que minha mãe e meu pai soubessem. Como a Dra. Cláudia, a do CTI (porque foram duas 'Cláudias' que Deus separou para cuidar de mim), havia me passado o número do celular dela, pedi:

– Val, ligue para a Dra. Claudia do CTI e diga o que estou sentindo. Acho que estou tendo outro AVC!

Eu não queria ir para o hospital porque ficaria internada de novo. Os sintomas me atropelaram como uma carreta em alta velocidade. Eu não andei mais, comecei a vomitar e a vomitar. Tudo o que eu comia, colocava para fora. Além do mais, meu equilíbrio ficou severamente afetado. Fiquei como aquele boneco "João-Bobo"; se alguém me colocasse sentada eu caía para o lado direito, quando me colocavam de volta, eu caía para o lado esquerdo. Eu não tinha equilíbrio algum. Aquele quadro continuou, e eu via tudo rodando, o tempo inteiro... Tudo girava. Imagine, desde que acordava de manhã até a noite... Tudo rodando.

Comecei a ter dificuldades para me alimentar. Foi só depois de algum tempo que eu descobri que uma das maiores complicações de quem tem um AVC é a deglutição. Eu tive os "revertérios" (sintomas) atrasados. Dei uma garfada e a comida ficou retida na garganta. Ainda bem que não me assusto facilmente e consigo manter a calma, sem me apavorar. Minha irmã trouxe água; descobrimos um padrão: ao comer, tinha que beber algo logo em seguida para que o alimento pudesse descer.

O pior é que eu tinha o maior trabalho para comer e meia hora depois colocava tudo para fora. Alguém tinha que me levar ao banheiro. Descobri que as únicas comidas que paravam no meu estômago eram batata e ovo cozidos. Na tentativa de amenizar a falta de equilíbrio e a tontura, a Dra. Claudia Miranda passou um remédio usado nos problemas de labirintite, mas o remédio atacou ainda mais o meu já comprometido estômago. Certo dia, a dor era tão aguda que eu socava a cama.

"Porém Deus, que conforta os abatidos, nos consolou com a chegada de Tito"
(2Co 7:6).

Mas tem um detalhe muito importante: não houve um

dia sequer em que eu não recebesse uma visita. Todos os dias pessoas vinham me ver. Eram, pelo menos, cinco visitas por dia, e elas eram o meu contato com o mundo lá fora - um paciente de AVC é um prisioneiro do próprio corpo.

Eu comecei a descobrir as novas maneiras de como o meu corpo estava reagindo. Não conseguia sentar para assistir televisão, só conseguia ouvir. O que eu ouvia? Ouvia o Chaves, porque já conhecia o programa, as vozes e todas as falas; tinha todas as imagens na minha cabeça na hora em que ouvia.

Havia desafios constantes. Comer não era fácil. Dormir estava difícil, pois acordava à noite para poder respirar. De repente, tudo ficava bloqueado, eu queria sentar e não conseguia; foram momentos de sofrimentos diversos.

Outro sintoma interessante foi que minha voz ficou embaralhada, mas eu não a ouvia assim. Para mim, ela estava perfeita. Eu até ficava chateada se não entendessem o que eu estava falando. Posteriormente, soube que quando meus amigos da rádio falavam comigo ao telefone choravam muito, pois achavam que eu nunca mais voltaria a trabalhar com a voz, como faço ainda hoje.

A situação piorou, e perdi as forças até para falar; falava com o olhar. Eu gostava das visitas e precisava reunir forças para receber a todos.

"Lança o teu pão sobre as águas, porque depois de muitos dias o acharás"
(Ec. 11:1).

Melissa me ajudou muito neste período. Quando eu tinha doze anos e minha irmã Melissa tinha dezoito, ela teve uma depressão muito profunda e eu passei a cuidar dela. Durante aquele período sombrio, a gente tinha que sentar a Melissa no banheiro para ver se ela fazia xixi. Quando eu fiquei doente, a situação se inverteu.

A minha mãe parou tudo. Assim como ela deixou todos os empregos quando a Melissa adoeceu, fez o mesmo comigo. Ela é professora aposentada do estado do Rio de Janeiro e da prefeitura de Caxias. Hoje trabalha como psicóloga e tem um consultório movimentado, que lhe traz muita realização. Ela cancelou todas as consultas para ficar ao meu lado. Ela é muito forte, a mulher mais forte que conheço. Todas as noites ela se sentava à beira da minha cama com a Bíblia e lia para mim. Ela fazia a leitura, e então cantávamos. Ela cantava, e eu embaralhava tudo:

"Te louvarei, não importam
as circunstâncias
Adorarei somente a Ti, Jesus.

Perto quero estar, junto aos Teus pés
Pois prazer maior não há
Que me render e Te adorar.
Tudo que há em mim quero te ofertar
Mas ainda é pouco, eu sei
Se comparado ao que ganhei.
Não sou apenas servo,
Teu amigo me tornei.

Te louvarei, não importam
As circunstâncias
Adorarei somente a Ti, Jesus."

Além da presença dela ao meu lado, havia a presença dela

aos pés do Senhor, apresentando súplicas e orações. Minha mãe é impressionante! Ela pediu ao Senhor que me livrasse, assim como livrara minha irmã e o meu pai, que teve um infarto do mesentério. Ele é um milagre, e minha mãe pedia outro.

Meu pai teve o infarto, Melissa, a depressão, e mamãe tinha tido um mioma de um quilo no útero; um negócio gigante! A única que tinha passado ilesa até então era eu. Por isso, minha mãe insistia a Deus que me poupasse. Mesmo assim, tudo isso me aconteceu. Aprouve a Deus tocar em minha vida dessa maneira, de um jeito único. Mamãe dormia ao meu lado:

– Quer ir ao banheiro?
– Quero.
– Quer água?
– Quero.

De manhã, ela acordava como uma leoa, que encontra forças para caçar depois de cuidar da cria. Ela dava conta de tudo dentro de nossa casa.

Houve uma visita particularmente marcante. O Pr. Ary Iack, um dos nossos pastores da Igreja Maranata, encostou uma Kombi com alguns dos "meus" adolescentes, que saíam bem ressabiados, pois achavam que a "tia Marcella" estava toda torta... Eu estava mesmo. Os recebi sentada na cama, bem magrinha – cheguei a pesar quarenta e três quilos. Foi muito bom vê-los, mesmo assustadinhos. Vê-los me dá forças até hoje.

Eu não estava internada, mas precisava fazer exames e ver os médicos. Quando você está internada, há enfermeiros fortes, macas, cadeiras de roda e elevadores, mas quando você se trata em casa, precisa se virar para encontrar os médicos e fazer os exames.

O prédio onde moro não tem elevador e meu apartamento fica no quarto andar. Saía com meu pai e minha mãe. Ela é mais baixa do que eu e me agarrava de um lado, e ele agarrava do outro. No carro eu ia atrás, deitada; quando chegava, meu pai parava do jeito que dava, bem na porta do prédio do médico, mas ele tinha que estacionar o carro para só então nos encontrar. Quem me levava até que ele chegasse era minha mãe, e eu ficava em cima dela. Imagine que manobra! São dois valentes. Ela se firmava sobre os saltos, ajeitava a bolsa, me segurava pelas axilas e saía andando; ela não se fazia de vítima e nem permitia que eu me entregasse ao desânimo. Havia um médico hematologista na Tijuca e outro em Botafogo. Eu precisava conversar com os dois, que expressavam nítida preocupação com possíveis novos sangramentos.

Minha mãe dizia:

– Vamos, filha, *"porque Deus não nos tem dado espírito de covardia, mas de poder..."* (2Tm. 1:7a). Em Cristo você já tem toda sorte de bênçãos, e no céu você é forte. Repita: *"O SENHOR é o meu pastor; nada me faltará"* (Sl. 23:1) - assim, ela seguia ministrando e fortalecendo meu espírito.

Como eu não conseguia ficar de pé e precisava lavar os cabelos, meus pais conseguiram uma cadeira higiênica. Passei a tomar banho sentada. Agradecia a toda pequena melhora e me alegrava com os novos recursos.

Quando chegou o dia dos pais, passei muito mal e vomitei bastante. Meu pai pediu a Deus de presente a minha cura. Ele pastoreava a igreja Maranata de Irajá e ia para lá muito alquebrado pelas lutas que passava em casa comigo. Agradeço de coração àqueles irmãos, pois foram eles que pastorearam o meu pai naquele período. Ovelhas pastoreando o pastor. É a mutualidade do corpo de Cristo... Lindo!

Antes dos sintomas se agravarem eu ainda fazia planos, e ao falar com o pessoal da rádio, combinava de aparecer na semana seguinte. Isso assim que saí do CTI, mas ao ser atropelada pelos avassaladores efeitos da doença entendi as palavras do sábio:

"O coração do homem pode fazer planos, mas a resposta certa dos lábios vem do SENHOR"
(Pv. 16:1).

Só Deus tem a última palavra, e aprendi a viver um dia de cada vez, somente atendendo ao mal daquele dia. Nada de planos; o segredo era descansar nos braços do Pai.

Contarei agora como cheguei a esse ponto, por quais caminhos que o Senhor me conduziu e como hoje posso falar como Jó:

"Eu te conhecia só de ouvir, mas agora os meus olhos te veem"
(Jó 42:5).

Venha comigo e vamos viajar ao passado para chegar até aqui.

2 | SEGUNDA PARTE

ANTES DA DOR

DEUS

Deus me deu a graça de crescer em um lar evangélico. Quando nasci, meu pai já havia se convertido. Minha mãe se converteu primeiro, e ela passou nove anos orando pelo meu pai, promovendo inúmeras situações para que ele fosse à igreja. Ele até ia, mas não havia mudanças na vida dele. Ela inventava desculpas e criava situações. Até que um dia Deus falou claramente para ela:

- Pare de fazer isso. Deixe que Eu mesmo farei. Pare de ficar dando jeitinhos.

E ela parou. Um dia ele disse que queria ir a uma reunião da nossa igreja na Associação Brasileira de Imprensa, no centro da cidade do Rio de Janeiro. Lá ele levantou a mão. A partir daí, as mudanças começaram a se apresentar no comportamento e na vida dele.

Por isso, desde que eu me entendo por gente, meu pai já

era um oficial da igreja, não um pastor. Quando ele passou a ter o título de pastor eu já estava maior. Lembro-me perfeitamente da ordenação do meu pai, pois já estava mais velha. O fato é que cresci com meu pai sendo um oficial da igreja - um diácono. Eu agradeço por essa bênção de ter pai e mãe, tios, tias e avó cheios de Deus. Eu podia ver Deus neles, e crescer nesse ambiente familiar cheio de Deus me fez muito bem. Nossas reuniões de aniversários sempre viravam um culto. No natal sempre havia um culto, depois trocavam-se presentes. A vida era regada a essa graça. Cresci ouvindo falar do Senhor, e minha mãe, eu brinco, era uma "terrorista" na nossa educação e atrelava tudo à Bíblia; mostrava as consequências desastrosas do pecado, repetia a história e batia nas frases de efeito, principalmente quando ia me disciplinar ou chamar minha atenção. Ela advertia assim:

– "Marcella, é melhor obedecer do que sacrificar".

Eu não entendia muito bem essa questão do sacrifício no contexto bíblico. Passei a entender depois de um bom tempo.

Quando eu estava de cama, me recuperando do AVC, lembrei de uma oração que fizemos, eu, minha mãe e minha irmã; eu tinha uns sete anos. Na igreja, os adultos estavam estudando sobre a Grande Tribulação e havia controvérsias se a igreja passaria ou não por ela. Só para você entender, quem ficar na Grande Tribulação terá que escolher entre negar a Jesus ou ser torturado e morto. Nesse dia em que estávamos orando, minha mãe disse assim:

– Senhor, são muitas as linhas e as correntes; tem gente

que diz que a igreja não vai passar pela Grande Tribulação, há outros que dizem que sim, e eu não sei o que vai acontecer, Senhor, mas eu quero lhe dizer, ó Pai, que se nós passarmos pela perseguição e algum dia pegarem as minhas filhas, e alguém pegar a Marcella e disser assim: "Silvia, negue a Jesus ou eu corto um dedo da Marcella, me ajude, Senhor, a não negá-Lo, a ser forte e dizer: "Pode cortar o dedo".

Esse choque todo pode parecer exagerado para uma criança, mas quando eu estava deitada na cama sem andar e tive que fazer a oração mais difícil da minha vida, lembrei-me dessa oração da minha mãe. Eu pensei:

– Nós não estamos sendo perseguidos ou ameaçados, mas chegou o tempo em que não posso negar a Jesus, Ele é o meu Deus e vai continuar sendo. Cortando o meu dedo ou não cortando, andando ou não andando, Ele é o meu Deus. Ali eu constatei como foi importante a base do "terrorismo" da minha mãe.

Meu pai e minha mãe sempre me ensinaram a ouvir a voz de Deus. Como toda mãe que se prontifica a disciplinar e a orientar os filhos na educação, ela me dizia:

– Marcella, nunca minta para mim; fale a verdade, por pior que ela seja, eu prefiro sempre saber a verdade, porque a verdade me quebra.

Ela dizia ainda:

— O pai da mentira é Satanás. Você acredita que Deus fala com a gente pelo seu Espírito Santo? Eu respondia:
— Sim, respondia. E ela
— Então, o Espirito Santo fala com a mamãe, Deus fala com a mamãe, e por mais que você possa mentir, Deus vai me revelar.

Eu tinha um pavor, um medo tremendo de mentir e de enganar a minha mãe, porque eu sabia que Deus falaria com ela. Ela me criou sempre mostrando que Deus falava com a gente, que o Espírito Santo de Deus falava conosco. A gente precisava estar sensível para ouvir a voz de Deus. Aos oito anos de idade, vivemos uma experiência muito interessante sobre isso:

Minha mãe costuma brincar que Deus revelou para ela o meu temperamento quando eu ainda era muito pequena: um temperamento muito forte, você precisa trabalhá-lo, disse o Senhor. Minha mãe conta que disse: Senhor, ela tem um temperamento forte, mas o meu é mais forte do que o dela; vou dobrar esse temperamento, porque ela vai viver para a glória do Teu nome.

Eu queria fazer jazz e ela não queria que eu fosse. Eu fui ao meu pai e consegui tirar dele um cheque em branco para levar para a escola e fazer o tal jazz. Quando minha mãe soube, eu já tinha levado o cheque, e ela ouviu do meu pai:

– Ué, da maneira como ela falou, achei que você soubesse e tivesse concordado.

Comecei a fazer o jazz, mas dentro da minha mãe o Espírito Santo de Deus a incomodava:

Minha mãe ficou resignada, mas ela teve dois sonhos depois de três meses que eu já estava dançando.

No primeiro sonho, eu corria de um cão preto que me perseguia e eu conseguia saltar para o colo dela, me refugiando, mas ele mordia o meu pé e o arrancava. Minha mãe ficou com aquele sonho martelando na cabeça, e na semana seguinte teve outro sonho em que eu também corria de um cachorro preto, mas desta vez ela não conseguia me segurar. O cão conseguia me pegar e me matava!

Ela começou a buscar a Deus pedindo discernimento do sonho, pois entendeu que era uma questão espiritual. Ela entendeu que o que poderia me matar entraria na minha vida pelos pés. Ela seguiu orando, até que me encurralou na sala de casa, sentada no sofá. Então me perguntou:

– Marcella, você acredita que Deus fala com a gente?
– Acredito, mãe.
– Deus fala com a gente através de sonhos, sabia?

Então ela me contou os dois sonhos. Na época, eu morria de medo de cachorro. Ela continuou:

– Minha filha, o jazz pode não fazer diferença na vida de alguns, mas eu tenho entendido que para você, para sua vida, isso não vai ser bênção e isso não é da vontade de Deus. Mas não vou decidir por você, pois quem decidiu entrar foi você. Você vai orar; não vai me responder agora. Ouça a voz de Deus e amanhã me dê uma resposta.

Fiz o que minha mãe pediu e eu ouvi o Espírito Santo falando comigo que não era para continuar com a dança. Comuniquei a minha mãe que não continuaria com o jazz; isso foi muito marcante. Não estou aqui falando mal da atividade, dançar não é pecado, porém hoje entendo que a dança, no meu caso, poderia me levar para a morte espiritual. Quando eu era bem mais nova, sonhava em ser Paquita, sabe lá onde isso me levaria? Mas o mais importante é que minha mãe me fez buscar e ouvir a voz de Deus para tomar minhas próprias decisões. Ela me ensinou a ouvir a voz do Espírito Santo de Deus, e o mais bonito de tudo é que Ele falou mesmo comigo, e eu só tinha oito anos.

Outra experiência muito marcante aconteceu quando eu tinha somente seis anos de idade. Estávamos em um acampamento de Carnaval liderado pelo Pr. Cassiano Rodrigues, hoje falecido, a quem eu tinha como avô. No retiro de Magé, às seis horas da manhã éramos acordados por ele ao som de um acordeão para que cada um pudesse ter o seu tempo a sós com Deus. O pastor nos orientava, fôssemos crianças, jovens ou adultos, a ter aquele tempo a sós com Deus. Deveríamos pegar as Bíblias e nos espalharmos pelo sítio e era possível ver gente por toda parte: em cima de árvores, encostados em muros, sentados sobre a grama; e assim peguei a minha pequena Bíblia, que eu já conseguia ler aos seis anos e nesse retiro o Espírito Santo revelou-se a mim através do dom de línguas. Foi incrível! Ao longo dos anos a experiência foi sendo consolidada e aperfeiçoada.

Quando eu era acometida pela tola ideia de que não tinha um testemunho forte para contar, como as pessoas que tinham passado por "maus bocados" no mundo, Deus me mostrava que o maior testemunho que poderia dar foi que Deus me manteve aos Seus pés ao longo de toda a minha vida. Eu nunca precisei "voltar", nunca precisei ter uma trágica experiência no mundo para que Deus fosse louvado. Louvo a Deus por ter sido resguardada Nele. Há gratidão no meu coração por isso, porque encontro e atendo adolescentes muito feridos pelo pecado, que não tiveram tal privilégio. Agradeço aos meus pais, porque me ensinaram, mostraram e me conduziram em uma vida de experiências com Deus. Nunca fui uma adolescente rebelde, não saí da igreja e, ao contrário, fui tendo experiências cada vez mais marcantes e profundas com Deus. Algumas pessoas me desafiavam brincando:

– Você não fala palavrão não?

Eu nunca falei! Minha mãe o chamava de palavra torpe. Que presente foi ser guardada pelo Senhor e colecionar tantas experiências, grandes e pequenas, em acampamentos, devocionais, festas e no dia a dia, louvando e crescendo. Obrigada, Senhor, porque Você me guardou.

PAI

Meu pai é o primeiro grande homem da minha vida. Digo isso sempre e não me canso. Sei também que haverá o dia em que chegará aquele que está no coração de Deus, assim, poderei caminhar pela vida amando e sendo amada por este homem.

Sei exatamente quem desejo que esteja ao meu lado, alguém que seja como a minha referência de homem ideal. Meu pai é másculo, mas é doce; ele é forte, mas sabe ser suave. Meu pai é um homem carinhoso que sempre soube se impor.

– Um colega dele, o pastor Rômulo Rodrigues, sempre brinca:
– O pastor Carlinhos é um santo. Ele tem três mulheres em casa, fora a cachorra, te está sempre disposto, disponível e doce. Eu brinco de volta e digo:
– Pastor, você não sabe de nada!

Isso porque, ao mesmo tempo que ele é doce, quando fica estressado "sai de baixo". Mas é muito raro vê-lo irado. Ele tem a cabeça no lugar; controla bem suas reações, mesmo irado. Meu pai é muito companheiro, sempre foi, e tem muita paciência para ouvir, colocando-se ao lado como um companheiro ímpar. Ele nos investiga a alma com perguntas, respostas e trocas. Ele deseja ouvir, e diferente de muitos homens, ele sempre compartilha.

Sempre foi o tio brincalhão. Tanto os meus primos quanto as minhas amigas que frequentavam a família desde pequenos, perguntavam:

– Cadê o tio Carlinhos?

A todo momento ele faz uma palhaçada e sempre recebe com uma brincadeira. Aliás, uma marca dele é ser brincalhão o tempo inteiro. Às vezes a gente até fala:

– Para, pai. Chega! Não cansa?!

Sempre tem uma piada, uma história, um negócio e gosta de beijo e de abraço. Ao contrário de mim e da minha mãe. Eu digo:

– Beija, abraça e acabou.

Por ele, passaríamos o tempo todo agarrados, beijando e abraçando. Isso minha irmã puxou dele também. Como ele tem esse lado muito brincalhão, sempre foi muito acessível. Desde que me conheço por gente, meu pai foi meu amigo.

Quando ainda fazia trabalhos para o colégio, umas amigas foram à minha casa e o meu pai estava tirando uma soneca no quarto. Tive que entrar lá para pegar algo e fiz cócegas em seu pé, logo uma das meninas disse assustada:

– Como você entrou no quarto do seu pai enquanto ele dormia? Se eu fizesse com meu pai, teria um problema sério!

Isso para mim é inimaginável, pois meu pai sempre foi muito acessível. Eu e minha irmã gostamos muito do cabelo dele, e quando éramos mais novas fazíamos penteados - colocávamos "chuquinha" para um lado e para o outro. Quando bem criancinha, ficava esperando pela chegada dele do trabalho e dizia:

– Meu pai vai chegar, papai vai chegar!

Eu gostava de andar sobre os pés dele, pisando. Onde ele ia eu queria estar junto. Adorava fazer compras com ele. Aproveitava todo tempo para estar com ele, fosse no mercado ou na igreja. Eu só queria estar perto dele.

Nunca tive problemas para encarar e adorar o Altíssimo como Pai, graças a Deus, pois a minha figura terrena de pai me facilitou muito o relacionamento com Deus, porque, como já disse, ele é doce, carinhoso, amoroso e presente, sempre conosco. Perfeito? Não é perfeito, ninguém é. Não estou vendendo a imagem de um pai perfeito, mas ele é do tipo que todos gostam de ter por perto.

Ele gosta de conversar. Todas as vezes que viajamos ele faz amizades no hotel, seja com um funcionário, gerente ou hóspede. Se vamos alugar uma casa de praia, ele faz amizade com os vizinhos, puxando conversa e batendo papo. Ele é bom de papo, mesmo fora do ambiente da igreja, imagina no meio da igreja então! As ovelhas o amam, e dizem os que o conhecem de perto que ele tem cheiro de ovelha. Ele conversa, brinca, senta e ouve sem pressa, se emociona e faz parte da vida de quem precisa e deseja.

Ele fez o casamento de algumas amigas minhas, e chorou em todos. Ele é um grande incentivador, como o Barnabé da Bíblia, homem de animar os outros.

Como já disse, somos da Igreja Missionária Evangélica Maranata, e em nosso sistema temos o rodízio, em que os pastores rodam de três em três anos. Eu não acompanho mais meu pai nesse rodízio, e ele entende que precisamos de vínculos consistentes junto à igreja local. Ele mesmo diz que é a mesma igreja. Curioso e bonito é ver a maneira como ele fala com carinho dos ministérios por onde ele serve.

Durante muito tempo eu era conhecida como a filha do pastor Carlos Bastos. Ele fala que hoje ele é conhecido como o pai da Marcella Bastos. Eu brinco que sempre serei a filha do pastor Carlos Bastos. Quando eu ligo para qualquer lugar do âmbito da nossa igreja, digo:

— Aqui é a Marcella, filha do pastor Carlos Bastos.

Tenho prazer e honra de dizer que sou filha do pastor Carlos e da Silvia Bastos. Tenho orgulho! Para mim é uma honra, porque ele é meu amigo, meu companheiro, meu incentivador e é o primeiro grande homem da minha vida. Tenho alegria e prazer de tê-lo como pai; alguém brincalhão e que está comigo para o que der e vier, que me carrega para cima e para baixo. Reclama um pouquinho, mas sempre me leva. Meu pai é um presente de Deus na minha vida, como é bom tê-lo comigo!

MÃE

Força para mim é ela. Como ela é forte! É a mulher em quem sempre vi Deus. É a mulher que me acordava domingo de manhã dizendo:

– "Alegrei-me quando me disseram: Vamos à casa do Senhor!"

É a mulher que, durante a infância, vi de joelhos orando e lendo a Bíblia inúmeras vezes. É a mulher a quem cito sempre que tenho a oportunidade de pregar. Brinco dizendo que fui criada por uma "terrorista". Digo que ela fez curso para ser "terrorista" e passou com cem (com louvor), porque deu certo. "Terrorista" porque ela me criou na rédea curta, e funcionou; me criou com firmeza e amor. Sempre me disciplinou com amor.

Quantas vezes ela me dizia:
– Vá para o seu quarto e fique me esperando.

E ela deixava passar cinco minutos para nunca me disciplinar irada. Eu era obediente, ficava lá aguardando o castigo, que nunca era demorado, pois como não fugia do que precisava enfrentar, ela acabava ficando com um pouquinho de pena, e o castigo era breve. Depois nos sentávamos, e essa parte doía mais; ela explicava por que eu tinha sido castigada, "tim-tim por tim-tim".

Aos quatro anos, eu estava assistindo a um desenho animado que não se alinhava aos valores da nossa família e nem da fé que professamos. Deus havia revelado muito claramente para minha mãe que esse desenho incentivava o roubo. Por isso, ela mandou que minha irmã trocasse de canal. Eu, porém, não concordava, me levantava e colocava novamente no desenho proibido. Naquele dia, minha mãe estava em oração e jejum e percebeu uma direção do Espírito para me disciplinar.

Ela obedeceu, e mesmo depois da disciplina, eu voltei e mudei de canal. O Espírito a instruiu a pesar um pouco mais a mão, e então eu gritei:

– Está doendo!

Foi então que ela disse uma frase forte que me marcou:
– Mais vai doer a sua alma no inferno se eu não a disciplinar.

Quanta sabedoria. Acabei encontrando na Bíblia Sagrada o mesmo princípio:

"Não tenha medo de corrigir os filhos pequenos: uma pal-

mada não mata ninguém.
Na verdade, uma boa palmada pode livrá-los de coisas mui-
to piores e da morte também"
(Pv. 23.13-14).

A tradução de Almeida Revista e Atualizada é ainda mais forte:

"Não retires da criança a disciplina, pois, se a fustigares
com a vara, não morrerá. Tu a fustigarás com a vara e
livrarás a sua alma do inferno"
(Pv. 23.13-14).

Assim é minha mãe: força e disciplina, temperadas com muito amor. Com ela aprendi a ver a disciplina no amor e o amor na disciplina. Hoje entendo bem. Meu pai e minha mãe tinham um acordo, e ela sempre fazia a parte da disciplina, talvez por sermos meninas, não sei, mas a mamãe se mostrava uma mulher de muita fibra. O certo é que um nunca desautorizava o outro. Se eles tinham diferenças, acertavam dentro de quatro paredes, longe de nós.

Meu pai nunca levantou a mão para mim. Acho que eu teria morrido se ele fizesse. Por outro lado, quem quebrou o meu gênio difícil foi a minha mãe, sendo necessárias várias sessões ao longo dos anos.

Ela conta que quando estava grávida, disse para Deus:

- "Senhor, não sei se a criança será menino ou menina, mas

prometo que farei dela uma pessoa que prega o Evangelho."

Ela queria um menino, aliás, todos achavam que seria um menino, até que nasci; por isso sou meio moleca e brinco que sou o filho homem que meu pai não teve. Eu jogava bola, ia com ele ao Maracanã e voltava para casa toda suja de terra. Minha irmã era diferente.

Para desespero da minha mãe, foi precisamente a mim que ela prometeu fazer "um pregador" do Evangelho. Quando eu estava de cama, sem prognósticos humanos de recuperação, ela lembrou isso ao Senhor, que disse a ela que eu me levantaria daquele leito.

Minha mãe sempre trabalhou fora, meu pai saía cedo e ela também. Professora, trabalhava em duas ou três escolas. Mesmo assim, sempre encontrou espaço para me dar um tempo de qualidade, embora nem sempre tivesse um tempo em quantidade. Era comum ela encontrar tempo para se sentar, me orientar e conversar. Ela mostrava na Bíblia, orava, preparava apresentações para a igreja.

Muita gente comenta que eu falo tão bem na rádio que não sabem se estou lendo ou não. Quantas notas tenho que ler no ar! Entendo que o que Deus dá são dons, que unidos à faculdade e a outros fatores me fazem assim. Porém, a grande responsável por esses incrementos é a minha mãe, cristã, mu-

lher de fibra e professora de português, que sempre exigia:
- Leia direito, menina.

Durante os cultos domésticos ela dizia:
- Marcella, é você quem vai fazer a leitura da Bíblia hoje.
Eu tentava escapar e dizia:
- Não, eu não quero ler, porque você vai me corrigir.

E ía mesmo, pois ela queria entonação. Ela me preparava quando eu precisava falar na igreja. Eu deveria declamar. Ela dizia para onde olhar, como me postar e como falar. Quando eu precisava ser dama de honra em algum casamento, ela me explicava tudo: quando caminhar, quando parar, e me prevenia para não pular e nem a ficar com expressão distraída. Me desafiava a olhar a todos, de um lado e de outro e sorrindo. Minha mãe foi minha *coach*. Eu devo a ela muito do que sou.

Mãe, minha forte amiga. Enquanto somos mais jovens, ainda em crescimento, fica muito difícil entender o todo. Nunca tive ódio, sempre amei. Quando pequena, tinha uma paixão enlouquecida pelo meu pai e amava minha mãe. Hoje que já estou mais crescida, digo que minha mãe é minha melhor amiga, minha parceira, que me entende no olhar e sabe tudo sobre mim; me acompanha aonde for e está sempre comigo. Ela diz assim:

- Se mexer com as minhas meninas, viro uma leoa!

Ela é assim mesmo, leoa, pronta para defender a cria. Mas entenda-se defesa justa, porque se for necessário que ela me corrija, ela o fará. Ela está pronta a fazer o necessário para que sejamos íntegras e agradáveis a Deus. A minha mãe é a grande mulher da minha vida; ela me ensinou muito sobre Deus. Se eu for 30% do que minha mãe é, já estou muito feliz. Ela é a mulher que me inspira. Ah, minha mãe é minha mãe, minha amiga e companheira.

Sou muito abençoada! Tenho pais maravilhosos, a quem admiro demais. São meus amigos! Ele tem 69; ela, 65. Não pararam de trabalhar, têm os seus consultórios, mesmo aposentados. Meu pai é bancário aposentado e minha mãe é professora aposentada. Ambos psicólogos. Ele é pastor também. Acordam cedo para suas missões, mas acordam mais cedo por minha causa. Nos encontramos todos os dias na cozinha, onde conversamos e falamos sobre tudo... Fazemos uma troca.

Mesmo mais velhos, meus pais não demonstram o peso da idade; vejo vigor neles, e isso me inspira. Minha mãe fez sua terceira faculdade e formou-se com cinquenta e poucos anos, mas não ganhou do meu pai, que entrou na faculdade de psicologia com sessenta anos! Que alegria ir à formatura do meu pai que estava com sessenta e cinco anos levantando o canudo! Sou muito abençoada e grata a Deus pelos meus pais.

Houve um sábado em que eu estava me arrumando para

pregar numa igreja em Niterói, minha mãe estava se arrumando porque ela também daria uma palavra numa outra igreja e meu pai se arrumando para ir para a Maranata, que ele pastoreia. Eu falei: Senhor, obrigada! Tenho uma família abençoada, pais que te amam, que poderiam dizer: 'Ah, já estou no final da vida, estou cansado'. Mas eles dizem sim ao chamado do Senhor, e isso me enche de alegria!

IRMÃ

Tenho uma irmã que se chama Melissa; ela chegou seis anos antes de mim. Muito interessante, porque a minha mãe conta que quando ela era pequena e sozinha sempre reinou na casa antes da minha chegada, até que resolveu que queria um irmão. Um dia, ela disse para minha mãe:

- Mãe, compra um irmão para mim?

Diante de tal pedido, minha mãe engravidou de mim. Melissa resolveu que queria um irmão - irmão homem. Nesse meio tempo, meu avô, o pai da minha mãe, faleceu, e a Melissa era a única neta que ele conheceu. Ela era o centro das atenções do meu avô Antônio. Quando ele morreu, minha mãe estava com seis meses de gravidez. Quatro meses depois eu nasci, e dizem que sou a cara dele. Os cabelos loiros, os olhos verdes e a brancura da pele, é tudo do meu avô. Quando eu nasci disseram:

- Meu Deus, é o Simas. O nome dele era Antônio Simas.

Minha irmã queria tanto um menino que fez até meu avô acreditar que eu era um menino. Dessa vez é um menino, ele dizia. Só que depois da morte do meu avô ela mudou de ideia e passou a querer uma menina. Não era costume fazer ultrassonografia para saber o sexo, além de ser caro! Minha mãe ficou assustada pensando:

- Meu Deus, se nascer um menino, essa garota agora querendo uma menina vai ficar decepcionada. E a Melissa começou a orar. O fato é que nasci. Sou a menina que age como menino, filho homem que o meu pai não teve. Enquanto eu chorava muito, minha irmã corria pela casa, pois ela era muito levada. Quem a vê hoje pensa que não, ela é mais comedida; fala pouco e pensam que ela foi sempre assim. Nada disso, ela era o terror de quem trabalhava lá em casa.

Mas a presença de um neném em casa assustava a Melissa, principalmente quando a babá que cuidava da gente faltava. Ela chegou ao ponto de chamar a minha mãe para falar:

— Mãe, a neném vai morrer, pois não para de chorar!

Melissa é muito doce, como diz o seu nome: Mel. Inclusive, é como as pessoas a chamam, Mel. E com a diferença dos nossos temperamentos, me tornei a irmã mais nova (seis anos!) que virou mais velha. Durante anos de nossa vida foi assim, eu cuidava dela e procurava defendê-la de quem tentasse abusar dessa sua doçura e bondade.

Contudo, durante a minha doença uma coisa muito interessante aconteceu. Ela cuidou de mim, e eu, que a vida inteira tomei a frente para cuidar dela, passei a ser alvo de todo o seu cuidado, atenção e proteção:

– Você quer ir agora?

– Você quer tomar um banho agora?

Ela sempre teve muita paciência para pentear meu cabelo, e fazia penteados durante toda a minha doença. Me dava banho; pacientemente me levava para o banheiro, e me trazia de volta. Secava as minhas costas. No período mais difícil da minha doença a Melissa cuidou de mim. Os papéis se inverteram, mas na verdade, entraram no eixo do que deveria ter sido, afinal, ela é a mais velha. Ainda hoje, a Melissa acorda mais cedo para me ajudar a arrumar as minhas coisas para trabalhar. Ela é um doce.

Somos irmãs e brigamos, sim... Quem disse que não? Irmão é bom por causa disso. Eu digo:

– Tem vezes que eu tenho vontade de matar você, mas eu mataria por você.

Apesar da grande diferença de idade - nem é tanto depois que ficamos mais velhas - Melissa e eu sempre cuidamos uma da outra. Só mudava a época, ora eu cuidava dela, ora ela me paparicava. Assim é Melissa, minha irmã.

ESCOLA

O mundo da escola para mim sempre foi fantástico, não só pelo estudo, pelo conhecimento que adquiria, mas por causa do incrível mundo da socialização. Entrei para a escola com três anos de idade. Eu chorava porque via minha irmã indo para a escola e eu não podia ir. Minha irmã estava com nove anos na época, e eu ficava com as meninas que trabalhavam na minha casa. Minha insistência e choro foram tão grandes que entrei para a escola com dois anos e meio. Detalhe, foi escola mesmo, e não creche.

O meu desejo de ir à escola se contrastava com o da minha irmã, que chorou muito, fez escândalo, agarrou no portão e gritava que queria a mamãezinha dela. Pensavam que comigo seria a mesma gritaria, mas para surpresa geral entrei com a minha mochila, lancheira, cabelinhos loiros e cacheados e me sentei nas cadeirinhas, que faziam conjunto com as mesinhas coloridas e quadradas. Minha mãe, que estava acompanhada da minha avó, ficou esperando que eu chorasse. Elas ficaram temerosas de sair, mesmo depois de se despedirem e verificarem que eu nem liguei. No final, quem chorou foi minha mãe. Que engraçado! Brinco que eu já era uma cidadã do mundo (rs).

Desde então, a minha relação com a escola foi de socialização, onde fiz grandes amigos, começando pelo Colégio Santa Luzia, onde estudei até o nono ano (oitava série na época). No primeiro ano (o então "prezinho"), fui a oradora da turma. Durante os quatro anos finais do ensino fundamental (ginásio, na época), fui representante de turma. Quando minha mãe resolveu que eu deveria mudar de escola para buscar outra mais exigente com os estudos, quis morrer! Ela queria que eu fosse para o sistema de ensino Miguel Couto (então Instituto Guanabara), mas ali havia competição entre os alunos, já que o Instituto preparava para concursos e vestibulares.

Eu realmente não queria, pois no Colégio Santa Luzia eu conhecia a todos e por eles era bem conhecida. Eu entrava na sala do diretor, que se chamava Álvaro, aliás, era um homem doce, educador invejável, mas que apertava o meu nariz; ele era gentil, mas aquilo doía! Eu estava na fila e ele apertava. Havia a cantina do Sr. Antônio e todas as minhas amigas. Havia um trio inseparável: Roberta, Luine e Marcella. Durante as reuniões de pais, as professoras diziam:

– A Marcella é muito boa aluna, é ótima. Só tem um problema: ela gosta de falar. Eu falava muito, gostava de conversar. Eu não conversava na hora da explicação, eu prestava atenção, mas na hora de fazer o exercício eu dava uma conversadinha.

Minha mãe me chamou certa vez para dizer que haviam

reclamado dizendo que eu, Luine e Roberta estávamos atrapalhandos outros alunos. Daí, confesso que respondi meio abusadamente:

– Mãe, só senta comigo quem se garante e quem dá conta do recado. Melhor não se sentar com a gente.

Como sofri com a mudança! Acabei estudando no Miguel Couto da Ilha do Governador, na Estrada da Cacuia. Fiz uma prova de seleção e passei a frequentar uma turma especial chamada Miguelzinho, somente para quem tirava boas notas. Além do tempo regulamentar, tínhamos três vezes por semana duas horas a mais de aula; ao invés de sair às seis, eu saía às oito, porque a escola investia naqueles que poderiam ter mais sucesso no vestibular.

Essa unidade do Miguel Couto era mais parecida com o Santa Luzia, e com o tempo fui conhecendo a diretora Sônia, curtindo o mês desportivo, a gincana e ali também fui representante de turma durante os três anos do Ensino Médio. Tinha uma turma muito querida, muito ativa e muito alegre. Embora estudássemos longe de casa, pois éramos de Caxias, fazíamos o trajeto na van do tio Rogério – uma alegria só! Certa vez, quando um acidente fechou a saída da Ilha do Governador, paramos em uma padaria, descemos, compramos um frango assado, e o trajeto foi regado a coxa, asa e o que desse para comer do frango assado. Quando era aniversário de alguém, o tio Rogério enfeitava a van toda com bolas, e tinha até bolo para cantar parabéns!

Na gincana do Miguel Couto só participavam o primeiro e o segundo ano. O terceiro estava concentrado no vestibular. O tema da minha primeira gincana foi "Os cinquenta anos da TV no Brasil", só que não chegamos nem perto dos finalistas. Contudo, no ano posterior, com o tema de "As Sete Artes", nossa turma acabou ganhando, e foi um delírio geral que jamais vou esquecer.

Nesta, me vesti com roupas barrocas e declamei um poema daquele período. Nas gincanas, cantei e dancei. Como cantei é que ainda não entendi, pois sou uma temeridade ao cantar! Mas nós cantamos e fizemos todas as artes. Na parte do cinema, escolhemos o cinema mudo, e na cena clássica do filme "Tempos Modernos", de Charles Chaplin, fizemos uma máquina de montagem em série que puxava e repetia as mesmas coisas; a Larissa fez, de maneira excelente, o papel do Chaplin. Que época bacana! Inúmeros colegas e alguns ótimos amigos.

Sempre tive uma característica agregadora, e meus pais cooperavam muito para isso. Na época do Santa Luzia, meus amigos íam para minha casa, e ali estudávamos, brincávamos e jogávamos. Um dia, um colega pediu para minha mãe:

— Tia, me empresta um short do tio.

Ele usou o short do meu pai para jogar bola no meu condomínio (rs).

Na Ilha do Governador, no Miguel Couto, o encontro era na casa de quem morava por lá, já que a maioria era de lá.

No terceiro ano tivemos uma viagem inesquecível e de despedida da turma, para Curitiba. Valeu à pena! Tivemos festa de formatura, e a colação foi no extinto Hotel Glória, quando novamente fui oradora da turma. Falei de Deus no meu discurso e pude ver muitos pais e mães chorando. Eles vieram parabenizar os meus pais e minha avó, que também estava lá.

Na faculdade a turma vai se alterando com os anos, mas também fiz grandes amizades. A Águida é um excelente resultado dessa época; ela me mandou uma mensagem via WhatsApp depois de ver meu testemunho no YouTube e disse:

— Me orgulho muito de você, da sua força, da sua fé.

Ela e outras colegas me respeitavam muito na faculdade, principalmente porque estive noiva durante boa parte do tempo; elas não entendiam como eu podia ser uma noiva ainda virgem. Se me vissem agora, pirariam! Desta época, só tenho contato com a Águida.

Na faculdade eu não fiz festa, só a colação. Também fui oradora, mas os discursos foram divididos, e fiquei com a parte das homenagens a Deus e aos pais. Fiquei com a melhor parte.

A escola sempre foi para mim um lugar muito fascinante! O ambiente do conhecimento, do saber, fosse escola, faculdade ou cursos de inglês ou espanhol. Sempre gostei. Sou formada em espanhol, e depois terminei o inglês também. Sou professora de espanhol, não por formação em faculdade, mas por formação em um curso extra preparatório para professores de espanhol.

Nessa época fiz grandes amigos, e dentre eles, a Alessandra. Ela vai contar a história da gente depois, só adianto que ainda somos grandes amigas e nosso alvo é chegar juntas ao céu.

Fui forjada aprendendo a me submeter à vontade de Deus na escola, na faculdade e nos ambientes do saber, que sempre exerceram um grande fascínio sobre mim. Como eu gostava daqueles lugares! Como eu gostava da socialização; como eu gosto ainda do ambiente do saber... Gosto demais desses lugares.

QUERIDAS LETRAS

Sempre gostei muito de aprender e sempre me dei muito bem com os estudos. Só que minha maneira de estudar era um pouco diferente: tenho memória fotográfica; minha memória funciona assim: sento-me na sala de aula, presto atenção ao quadro, às cenas e ao que o professor fala: pronto! Já aprendi e memorizei.

Era engraçado que minha mãe não entendia isso, principalmente porque minha irmã aprende de modo diferente. Ela passava o dia inteiro com um livro na mão e estudava bastante. Eu não; como sempre prestei muita atenção às aulas, quando chegava na véspera da prova eu simplesmente dava uma boa lida na matéria e tinha ótimos resultados.

Por isso, não conseguia entender a minha mãe cobrando que eu estivesse sempre com um livro nas mãos. Ela tem uma disciplina que funciona bem, e sempre recomendava chegar em casa da aula e repassar tudo o que foi visto, no entanto, eu não precisava, pois sabia bem o que tinha acontecido na aula e a matéria estava bem guardada na minha abençoada memória. Ela demorou um pouquinho para entender esse meu jeito de aprender, só se convenceu depois de um argumento:

– Eu não estou dando conta dos meus estudos, não estou com nota boa? Então confia, mãe, que vai dar tudo certo.

Isso não quer dizer que eu não goste do conhecimento. Pelo contrário, gosto muito, e desde que me conheço por gente gostava de aprender, conhecer coisas novas e até me aprofundar no saber. Estudar sempre teve um valor muito significativo. Imagine que depois de um tempo de férias eu já ficava com saudades de voltar às aulas para estudar. Esse ambiente escolar e de ensino sempre fizeram parte de um maravilhoso mundo para mim, que sempre valorizei e prezei. Eu procurava corresponder a tudo o que os meus pais me deram.

Meu pai e minha mãe sempre trabalharam bastante para financiar os meus estudos. Eles procuravam me colocar nas melhores escolas. Sempre fui grata e procurava valorizar o trabalho e o dinheiro que meus pais investiam em mim. Tinha colegas que eram o oposto; como os pais pagavam, eles faziam de qualquer jeito. Outros trabalhavam fora para poder pagar pelos seus próprios estudos; esses me faziam sentir culpada, como seu eu fosse filhinha de papai que não precisava trabalhar para pagar a faculdade. Eram os extremos: de um lado os mimados e ricos, que desprezavam os conteúdos, os professores e faziam de qualquer jeito, pensando que o dinheiro nunca faltaria e que o pai sempre pagaria por todos os luxos; eles não valorizavam. O que era difícil e penoso para muitos, era facílimo para eles.

Levei um tempinho para me situar e organizar os meus pensamentos. Aquela crise inicial logo passou, e concluí que era admirável e aguerrido quem precisava pagar pelos estudos, mas eu não tinha do que me envergonhar, pois eu valorizava de todas as maneiras que podia o trabalho do meu pai e da minha mãe. Meu coração era grato, e ainda ponho as mãos para o alto pelo fato de os meus pais terem me dado as melhores oportunidades de ensino.

Mesmo não fazendo como moeda de troca, já que não é possível pagar o amor, sempre me dediquei e me esforcei. Tinha que, pelo menos, devolver um pouquinho do que eles investiam, nas notas, na dedicação, na frequência e no que estivesse ao meu alcance. Procurava mergulhar naquele mundo, buscando ser responsável em cada tarefa e me aperfeiçoando no que fazia. Minha mãe me ensinou, como professora, que eu não deveria buscar a excelência e ser a melhor para me comparar ou pisar nos outros. Não. Eu deveria buscar ser a melhor para a glória de Deus.

Assim, fui me dedicando e extraindo o melhor de mim. Uma dificuldade aqui, outra ali, e não precisei de muita matemática na faculdade. Ao longo da minha vida estudantil eu não era má aluna de matemática, até que me dei bem, mas eu precisava estudar mais e me dedicar para tirar boas notas. Porém, o meu universo fantástico era português, literatura, história e geografia. Tudo isso exercia uma mágica atração sobre mim, que me levava a estudar cada vez mais e a apreciar o conhecimento. Ainda hoje estudo bastante.

Como jornalista, que precisa saber um pouco de tudo, me tornei uma cientista do geral. Não conheço todos os assuntos profundamente, mas tenho uma boa ideia de quase tudo. O estudo é parte da minha vida.

Minha avó Ruth, mãe de minha mãe, hoje com seus bem vividos oitenta e sete anos, é uma mulher vigorosa que sempre nos ensinou:

- O estudo é a única riqueza que ninguém pode roubar de vocês. Estudem, porque isso ninguém leva de nós.

Minha família sempre valorizou o estudo. Meu pai deu

o melhor que pôde. Depois de todas nós terminarmos o nosso curso superior - minha mãe fez três faculdades-, meu pai foi estudar. Um exemplo de despojamento e amor sacrificial. Minha mãe sempre nos incentivou, e depois ao papai. Eles sempre nos encorajaram ao conhecimento das queridas letras.

RÁDIO JORNALISMO

Não consigo me lembrar de algum momento da minha vida em que eu tenha pensado em outra coisa que não fosse o jornalismo. Talvez quando criança eu quisesse ser professora, e lembro que certa vez, disse que queria ser presidente do Brasil. Depois que comecei a crescer, sempre quis jornalismo. No segundo grau eu já sabia que queria a carreira. Sempre gostei de assistir televisão, da televisão em si e do mundo dela. Eu queria jornalismo por causa da TV. Quando tinha uns doze anos e nós estávamos na Maranata de Parque Araruama, eu e outros adolescentes fizemos uma peça que falava sobre a volta de Cristo. Fui a repórter; noticiava os fatos dos crentes que haviam sumido. Meu nome nessa peça era Marcella Papagaio. Usei um brinco que me fora presenteado pela minha tia Fátima, irmã do meu pai. Eu achava que aquele brinco era um brinco de jornalista, tinha cara de brinco que uma repórter usaria na televisão! Então vesti um blazer colorido, era muito novinha e achava aquilo o máximo. Não podia discernir ou imaginar o que Deus faria, mas sabia que queria ser jornalista.

Quando fiz jornalismo não sonhava com rádio. Queria TV. Estudei nas Faculdades Integradas Hélio Alonso (FA-CHA), e surgiu uma vaga para apresentar algumas notas em um programa da rádio interna da faculdade. Fiz algumas notas, tudo muito superficial, nada que realmente eu poderia chamar de rádio. Logo que me formei, eu era noiva nessa época, não consegui emprego no jornalismo, pois era um mercado difícil e ainda o é. Fazia *freelances*, escrevia artigos para revistas, tudo muito difícil. Depois passei a buscar vagas na área de comunicação social e assessoria em empresas.

Mesmo assim não foi fácil. Eu precisava trabalhar, e as portas não se abriam no jornalismo. Desde pequena estudei espanhol, depois inglês. Ao terminar o espanhol, fiz um curso especial para professores de cursinhos no CCAA para dar aula de espanhol. Por causa disso, comecei a dar aulas em um curso em Caxias. Foi um período muito interessante na minha vida. Eu tinha um sonho, estava formada, era uma jornalista, mas entendi que precisava me submeter a Deus, entrar na porta que Ele estava abrindo para aprender a descansar Nele e que, no tempo certo, Ele faria o que fosse necessário.

Evidentemente, me questionei. Eu tinha vinte e dois anos, e um dia me perguntei:

— Será que foi para isso que me formei?

Ao mesmo tempo, Deus ministrava o meu coração com paz. Agradeço a Deus por meus pais terem forjado em mim um coração obediente e submisso. Assim, trabalhei com empenho, da melhor maneira que podia. Eu me aplicava como se fosse para Deus! O meu patrão, sobre todas as autoridades e chefes, está no céu. Ali dei aula para vários adolescentes, havia adultos também, mas já era uma iniciação ao tipo de ministério que eu teria. Tenho alunos do curso que até hoje me procuram.

Como filha e neta de pedagoga, mesmo sem ter feito pedagogia fui convidada pelo dono do curso para assumir a coordenação pedagógica, porque ele via como eu desenvolvia minhas aulas de espanhol e, mesmo na espera, no deserto, a mão de Deus estava comigo. Fiquei ali mais de um ano mandando currículos e fazendo contatos, sempre submissa à vontade do Senhor. Não estava realizada e feliz, pois queria trabalhar na minha área, porém aprendi a viver contente em Deus.

Foi quando a porta se abriu. Enviei um currículo através de uma amiga jornalista, chamada Elisângela Salaroli, casada com outro jornalista que também acabou se tornando um grande amigo, Daniel Penna Firme, que atualmente trabalha no SBT. O Daniel trabalhava na Rádio 93FM e levou o meu currículo para uma vaga de jornalista na revista Enfoque Gospel, que hoje saiu de circulação. Foi mais uma daquelas manobras divinas. Fui chamada pela editora Virgínia Martín, mas só entrei na empresa seis meses depois. Sempre havia um empecilho.

Era o tempo de Deus. Finalmente, em dezembro de 2005, entrei na MK Music para trabalhar na Enfoque Gospel, onde fiquei por seis meses, quando surgiu a oportunidade de cobrir um evento em Porto Alegre-RS. Fiquei surpresa por ter sido mandada, pois era nova, mas a chefe de reportagem, que não era a minha chefe imediata, achou por bem me enviar.

Com a cara e a coragem, me lancei à tarefa. Fui sozinha, com pouco tempo de jornalismo, e passei uma semana na capital gaúcha sozinha, em viagem pela empresa. Não senti medo, pois havia uma ousadia do Senhor! Como a empresa é um grupo de comunicação, Daniel, super expansivo, me ligou:

– Marcellinha, estão querendo que você faça uma entrada daí, direto para o Debate 93, para falar sobre o que está acontecendo por aí.

Na época, lá estava o prêmio Nobel Desmond Tutu, além de haver um movimento da teologia feminista. Eu tremia dos pés à cabeça:

– Meu Deus, eu vou entrar na rádio pela primeira vez? Mas tudo bem, vou fazer.

Eu estava morrendo de medo de entrar no ar com o JR Vargas, conhecido por ser um excelente comunicador e também exigente, capaz de tirar dos outros o melhor.

– Eu vou entrar com o JR?

– Não, o JR não está aqui, você vai entrar com o Cid Gonçalves; respirei aliviada.

Foi muito engraçado. Naquele dia não entrei, porque tinha a entrevista coletiva com o Desmond Tutu e acabou não dando tempo de entrar no Debate, ficou para o outro dia. Na manhã do outro dia, eu estava calma, serena, tranquila, pois sabia que seria o Cid, com quem eu me encontrava pelos corredores da empresa. Quando fui fazer a entrada, na época a produtora do Debate, que fazia o que eu faço hoje, Francine Sessa, me disse:

– Marcellinha, você vai entrar; o JR vai te chamar.
– Oi, quem?! Não era o Cid ontem?
– O JR já está de volta!

Comecei a tremer, e assim entrei no ar com o JR. Passei todas as informações, tudo certinho, suando. Lembro-me de estar sentada em uma cadeira, e quando me levantei, estava ensopada de suor. Foi uma entrada por telefone. Eu não sabia, mas naquele dia a minha chefe, Andrea Maier, que é a diretora da rádio, estava ouvindo. Ela e o JR Vargas.

O tempo passou... São os desígnios de Deus; o Daniel precisava fazer um exame médico e fui chamada para fazer uma entrada com uma nota jornalística e cobrir o lugar dele no Debate com o JR mais uma vez. Entretanto, o Daniel foi chamado para a Rádio Globo, e aí veio um convite para que eu entrasse definitivamente no lugar dele.

Contudo, para ocupar a vaga de jornalismo, eu tinha que começar o trabalho às seis e sair às treze horas. Iniciar às seis era muito complicado, porque eu teria que sair de Caxias às cinco da manhã. Muito difícil aquele trâmite, e fiquei com o coração pesaroso, pois eu queria muito ir para a rádio, era uma oportunidade que me atraiu, mas realmente não dava. Então falei para Deus:

– Senhor, se estiver nesse negócio da rádio, uma porta se abrirá para mim lá, mas no horário normal, das nove às dezoito horas.

O que era praticamente impossível. Mandei um e-mail para a Andrea, que agora é minha chefe, agradecendo. Ela não me respondeu, e pensei que era um sinal de que as portas estavam se fechando; estava nas mãos do Senhor.

Mais de um mês se passou, e a Francine, produtora do Debate, estava saindo da empresa porque ia se casar e me procurou:

– Marcella, eu queria falar com você. Venho pedindo a Deus que me mostre alguém para ficar no meu lugar, e o JR fez uma exigência: ele quer uma jornalista para trabalhar ao lado dele, e você é jornalista. Eu vinha pedindo a Deus uma cristã comprometida com Ele, e você é assim. A Andrea ouviu suas entradas, gostou muito e o JR também! A proposta é essa: horário de trabalho das nove às dezoito.

Deus abriu a porta para mim, e assim eu entrei na rádio.

Dois anos depois a revista saiu de circulação e muitos colegas meus foram desligados da empresa. Era o tempo de Deus para minha vida e o plano Dele era que eu lá estivesse: na rádio.

O JR, que era tão temido e exigente, acabou se tornando um ótimo mentor, devo muito a ele. O que sei de rádio aprendi com ele. Digo sem medo, ele me ensinou tudo o que sei sobre rádio. Evidentemente que, como homem de Deus e pastor que é, aprendi também muito de Bíblia. O Debate 93 se tornou para mim uma escola bíblica, aprendo demais com cada um dos meus queridos pastores que participam. Entrei para fazer a produção, mas como jornalista, alcancei um patamar diferenciado ali. Produtora do Debate 93 e jornalista entrando, cobrindo eventos, e Deus foi me dando oportunidades.

Deus foi abrindo as portas, e hoje tenho o quadro "Dicas de Beleza", junto com a minha amiga Rosane Félix, além do Giro Cristão. Em janeiro de 2017, a minha chefe me deu a oportunidade de apresentar um programa em parceria com a Marcinha Cartier, chamado "Azamigas". É um programa de temporada.

No tempo de Deus, debaixo da bênção dEle, me encontrei no rádio, e hoje faço o que amo, propago o que acredito: a bendita fé no Senhor Jesus Cristo. Foi na rádio que vivi uma das maiores experiências da minha vida, ao ouvir as orações dos ouvintes e sentir o carinho deles; ali também cresci no Senhor.

Entrar na Rádio 93 FM foi uma lição de aguardar no Senhor e de esperar nEle para então ver a Sua boa mão trabalhando. Hoje, ao olhar para trás, vejo quanto medo, quantas apreensões desnecessárias tive achando que as portas não fossem se abrir, mas a obediência e a submissão me mantiveram nos trilhos, assim pude ver o tempo certo dEle. Ele é um Deus muito Maravilhoso, que me surpreende a cada dia.

ADOLESCENTES

A Margareth era a líder dos adolescentes, mãe dos meus queridos amigos Carlinha e Marco Aurélio. A Mag morreu em dezembro de 2010, e eu dizia:

– Mãe, foi embora a minha alegria, e não sei quando ela volta. Foi uma das maiores dores que já senti ao perder alguém.

Margareth era minha amiga, era mãezona. Acreditou muito em mim, me chamou para ajudar na liderança dos adolescentes e passou a me dar responsabilidades. Fui me tornando um braço forte para Margareth e passei a amar aquele trabalho.

Em 2006, a Margareth me chamou para o acampamento; fui dar uma palestra sobre a nossa identidade em Cristo. Além da palestra, acabei ficando em um dos quartos como monitora. A minha vida nunca mais foi a mesma. Eu mergulhei de cabeça no ministério de adolescentes. Quatro anos depois, já com muitas responsabilidades, a Margareth estava muito cansada e chamou o Raphael e a mim para nos passar a liderança, mas eu recusei:

– Não, de jeito nenhum.

No final de 2009 eu declinei, e em março de 2010 ela insistiu, pois estava realmente cansada, tendo altos picos de pressão, pois e ainda era secretária da igreja. Raphael e eu concordamos em assumir a liderança do ministério de adolescentes na Maranata de Caxias, desde que ela fosse a nossa conselheira; e assim foi. Pegamos a liderança em março e em setembro fizemos nosso primeiro acampamento. A Margareth era a nossa conselheira, mas em dezembro recebi uma ligação da Carlinha:

– Amiga, minha mãe está dando entrada no hospital!
Quatro dias antes eu a tinha levado para um hospital, passei a noite com ela e já voltou para casa. Achei que, mais uma vez, ela fosse voltar para casa. Que baque! Entendi que Deus havia permitido tudo aquilo para que nós assumíssemos a liderança, pois já estava nos planos do Senhor que a Margareth estivesse com Ele, nos aguardando na glória.

Meses depois eu tive a doença. Os meninos ficaram assustados, pois Margareth havia morrido e logo em seguida eu fiquei tão perto da morte, mas foi nesse contexto que eu assumi a liderança dos adolescentes.

Raphael foi líder comigo durante muito tempo, até 2015,

e hoje esse trabalho com adolescentes é uma das grandes razões da minha vida. Amo estar com eles, é uma alegria para mim servir a Deus vendo meninos e meninas se rendendo aos pés do Senhor.

Deus coloca no meu coração um amor que não vem de mim, muito maior do que eu, porque vem do céu. Amo esses meninos, eu acredito na força deles, não só dos meus adolescentes, mas acredito em adolescentes que se rendem a Cristo e vivem convictos Nele. Sou contrária a essa história que diz que o adolescente é a igreja de amanhã, falo que eles são a igreja de hoje, porque são eles que ganharão suas gerações hoje na escola, no bairro, no curso, em casa, na vizinhança, onde quer que eles estejam. Acredito no verso que diz: *"jovens eu vos escolhi porque sois fortes e tendes vencido o maligno"* (1Jo 2.14), e um dos meus maiores prazeres é vê-los louvando. Isso para mim é uma alegria sem fim! O amor que sinto por eles só pode ser uma coisa de Deus, porque é grande demais e inexplicável!

3 TERCEIRA PARTE

O ACIDENTE

Continuando aquela história de dor com que comecei o livro, escrevi tudo isso porque preciso contar para vocês as maravilhas que Deus realizou em minha vida e glorificar o nome dEle. A bondade do Senhor é enorme! Precisa ser divulgada e conhecida por muitos.

Em julho de 2011 eu sentia fortes dores de cabeça havia uns quinze dias, mas atribuía tal desconforto à agitação da minha vida de jornalista e líder de adolescentes. São quatrocentos meninos e meninas. Vínhamos de um congresso fantástico, em que empenhamos todas as nossas forças e declaramos guerra contra o pecado: "Faça guerra contra o pecado", era o nosso tema. Mas um encontro que reúne mais de mil adolescentes em cada um de seus três dias é extremamente cansativo. Sem contar que tenho uma teoria de que se um adolescente pula, o líder pula também; se ele dança, o líder também se sacode, e quando é hora de brincar, estamos todos juntos, afinal, temos um alvo: irmos juntos para o céu!

E em paralelo, vivia o alucinado ritmo da rádio. Somos uma equipe coesa e enxuta. Somos poucos para muito resultado. Não me queixo, ao contrário, amo o que faço e, acima de tudo, amo aquele time super animado que posso chamar de família. Embora tenhamos funções específicas, cobrimos as necessidades uns dos outros, dependendo do que estiver acontecendo. Sabe uma equipe em que todo mundo se ajuda, as ideias surgem e tudo é regado com muito amor e bom humor?! Essa equipe somos nós! Uma equipe que trabalha muito, mas que sente o maior prazer no que faz.

Meu dia a dia na rádio é corrido, porque todo dia é um Debate novo. Completo: começo, meio e fim. É preciso produzir, definir o tema, em cima do tema delinear e convidar os debatedores, além de ficar muito atenta ao conteúdo teológico que precisa estar ligado à atualidade e ao dia a dia do ouvinte.

Toda primeira segunda-feira de cada mês há o culto da Rádio, que acontece em diversas igrejas, em diferentes locais do Rio de Janeiro. É maravilhoso poder agradecer a Deus como equipe pelas bênçãos que Ele nos concede. Mas a mecânica do evento é bem cansativa. A van nos leva para a igreja e depois deixa a todos em casa. Cada integrante da equipe mora em um canto da cidade. Era normal eu chegar meia noite em casa, e achei que esse ritmo acelerado poderia ser a razão para tanto cansaço e dores.

Eu dormia, descansava, e a dor de cabeça ainda estava

lá. Comecei a sentir que havia algo de errado e mais grave quando, ao sair da produção da rádio e me dirigir ao estúdio onde acontece o debate, comecei a esbarrar no armário que fica no caminho. Sentia pequenas quedas para a esquerda e batia no armário, como se não conseguisse calcular a distância direito. A passagem era larga, mas me parecia estreita. Não era um grande desequilíbrio, mas aquilo começou a chamar minha atenção e as dores foram aumentando.

Cheguei inclusive a pedir uma massagem à minha querida e fiel amiga Silvane, que na época trabalhava dentro do estúdio como telefonista. Eu dizia:

- Aperte aqui o meu pescoço que está doendo, pois acho que dormi de mau jeito. Ela fazia o que podia; apertava, mas não passava de maneira nenhuma.

Conforme as dores foram aumentando e as minhas queixas também, o pessoal da rádio, especificamente o JR Vargas me disse:

- Procure um neurologista e faça isso rápido.

No final da terça-feira, enquanto acertava minha agenda pelo computador, já por volta das seis horas da tarde, me senti muito aérea e pensei:

- Que coisa estranha, acho que estou mais cansada e esgotada do que imagino. Preciso descansar. No entanto, jamais poderia imaginar, por um segundo sequer, que teria algum problema grave de saúde. Imagina, de jeito algum - eu pensava.

Como eu realmente ignorava qualquer possibilidade de algo grave e adiava um encontro com o médico, Edivânia, secretária do JR na igreja e que sempre conversava comigo ao telefone, procurou e marcou para mim um neurologista próximo à minha casa e que pudesse me atender bem cedo. Cheguei no consultório cheia de pressa e já olhando a hora para ir embora, afinal, precisava estar no Debate! Passava um pouco das oito horas da manhã, e veja que curioso, ao entrar no elevador, a neuro entrou comigo. Ela não se parecia com o imaginário que eu tinha de uma médica. A roupa era extremamente despojada e ela usava uma mochila (ahh, a mochila, essa me chamou muito a atenção) super colorida. Naquele momento, classifiquei a mulher que estava comigo no elevador como uma "riponga".

Fomos as duas, a "riponga" e eu para a mesma sala. Só que eu sentei na recepção, e ela passou direto em direção à sala da médica em que me atenderia. Sim, ela era a neurologista que me atenderia. Como eu era um encaixe, os pacientes agendados iam sendo atendidos na minha frente. À medida que os minutos passavam, minha impaciência aumentava, já eram quase nove horas e eu pretendia já estar no trabalho. E assim que chegou a minha vez, entrei na sala aceleradíssima. A médica percebeu e disse:

– Senta aí. Eu estava de pé, braços cruzados sobre a bolsa e parecia mesmo nervosa. Falei com ela:

– Não, eu preciso correr para a rádio. Ela sorriu com desaprovação e insistiu:

– Senta aí, que tenho que examiná-la. Obedeci, e ela pôs-se a fazer os exames físicos: escutou o coração, o pulmão, mediu a pressão, verificou a temperatura e começou a fazer exames físicos que determinam sangramentos cerebrais, entre eles, o curioso exame que bate o martelinho no joelho. Então brinquei:

– Pensava que esse negócio só funcionava no Chaves. Ela sorriu e continuou o seu trabalho, até que me perguntou, inclinada para o seu prontuário:

– Você tem alguma doença?
– Tenho a síndrome de Von Willebrand, respondi sem dar muita importância para o caso.

Só para você saber um pouquinho, a doença de Von Willebrand pode causar hemorragia prolongada ou excessiva, e é geralmente hereditária. Há alguns casos raros em que pode ser adquirida. São três tipos: no tipo 1, os sinais e sintomas são moderados e têm pouca duração. No tipo 2, o fator de Von Willebrand não funciona corretamente; os sintomas tendem a ser mais fortes. Já o tipo 3 é dos mais raros, pois o doente não tem um fator chamado Von Willebrand e os sinais podem ser graves, podendo dar hemorragia nos músculos e nas articulações. Os médicos não me disseram de qual tipo é a minha, e depois conto como detectamos.

Pois bem, eu tinha descoberto esta doença cerca de três anos antes, e assim que lhe dei essas informações, sem precisar ver qualquer exame de sangue ou imagem, ela disse com ar de gravidade:

– Você está com sangramento na cabeça.

Naquela hora eu fiz como Sara, quando Deus avisou a ela, já com seus noventa anos, que iria engravidar e teria um filho até o ano seguinte: eu ri. Eu estava ótima; aquilo parecia um exagero. Pensei que ela estivesse louca, pois nunca me vira antes. Ela deve ter percebido o que eu pensava pela minha expressão facial e disse:

– Você precisa se apressar. Me passou um papel timbrado com uma prescrição para ressonância magnética. Ela acrescentou:

– Pode ser que você não consiga fazer este exame rapidamente. A solução é buscar um atendimento de pronto-socorro, onde eles fazem os exames no próprio hospital sem necessidade de agendamento. Ela ainda me deu a dica de procurar o hospital de emergência do meu plano de saúde.

– Quando eles descobrirem o que você tem, pedirão autorização para aplicar um contraste em seu sangue para poder ter um resultado mais preciso e boa visualização; autorize o uso do contraste. Faça esse exame, porque depois de eles reconhecerem o que está acontecendo, devem segurar você lá no hospital mesmo.

Ela não pronunciou a palavra AVC. Simplesmente se referia ao que eu tinha como um "sangramento na cabeça". Eu ainda não tinha feito a conexão entre um termo e outro. Acho até que o Senhor permitiu para que eu ficasse tranquila. Não passava na minha cabeça que eu tivesse um AVC. Minha mãe estava no carro à minha espera, e quando entrei, ela perguntou:

– O que a médica disse?
– Mãe, a médica disse que estou com um sangramento na cabeça. Para minha surpresa, ela começou a chorar. Eu tentei consolá-la:

– Mãe, fique tranquila, com certeza não é nada disso. Como eu estaria com um sangramento na cabeça andando e fazendo tudo o que estou fazendo?! Ela deve estar confusa. Vamos para a rádio, porque preciso arrumar algumas coisas e os meus exames que comprovam a síndrome de Von Willebrand estão lá. A médica havia me orientado a levar os exames de sangue para o hospital.

E foi assim, sem a menor noção de perigo, que cheguei na rádio e peguei o finalzinho do Debate da quarta-feira, dia 06/07/2011, e ainda entrei no ar para dar o resultado da pesquisa 93 daquele dia. Só então me dirigi para o hospital que a Dra. Cláudia havia indicado. Eu estava em São Cristóvão e fui para a Barra da Tijuca. O hospital da Unimed não tinha a máquina de ressonância, e me dirigi a outro hospital na Barra mesmo. Passei por todo aquele trâmite complicado dos hospitais: pega uma senha, espera ser chamado, faz uma ficha e espera novamente.

Como eu tinha a prescrição dela dizendo "provável sangramento cerebral", me encaminharam e fiz uma tomografia – não a ressonância que ela pedira. Eu estava com a minha mãe e o papai para nos encontrar. Passei o resto do dia no hospital. Talvez por isso quem é atendido no hospital seja chamado de paciente... Depois de toda essa maratona hospitalar o médico nos chamou, entramos meu pai e eu, e ele disse:

– A probabilidade de a Marcella estar com um sangramento na cabeça é a mesma de um avião cair sobre nós agora e nos matar. Desta forma, o médico nos mandou para casa, ignorando o diagnóstico correto de sua colega.

Apesar da "boa notícia", eu estava com muita náusea e atribui o mal-estar ao contraste que haviam me dado para fazer o exame. Hoje sei que já era o AVC tomando o seu curso. Mesmo assim fui para casa, e como nada fora feito, a dor de cabeça só aumentava.

Decidi voltar à Dra. Cláudia Miranda, a neurologista que havia me dado três dias para fazer tudo e voltar a ela. Confesso que como sou muito certinha com meus compromissos, não queria faltar trabalho, mas mesmo desejando cumprir com minhas obrigações, eu estava sem forças físicas, pois a dor estava minando minhas energias, e olha que costumo dizer que fui treinada desde criança para sentir dor. Minha mãe me dizia: "vai doer só um pouquinho". Passei então a ter grande resistência a dor.

DIAGNÓSTICO DA SÍNDROME

Vou voltar um pouco no tempo e contar como foi a odisseia de conseguir o diagnóstico da síndrome.

Eu tinha uma questão de saúde, e antes mesmo de ser diagnosticada com tal doença, todos os médicos concordavam que eu tinha a quantidade certa de plaquetas, porém de baixa qualidade. As plaquetas são células produzidas na medula óssea que atuam na coagulação do sangue e ajudam, por exemplo, uma ferida a parar de sangrar. As minhas são lentas e demoram para se juntar. Assim, eu sangro mais do que qualquer outra pessoa.

Certa vez, depois do trabalho, marquei um horário no salão de beleza, e enquanto a cabeleireira fazia minha escova, senti um gosto de sangue na boca. Como tinha um copinho de plástico na mão, cuspi ali mesmo e o sangue ocupou metade do copinho! Corri para um pronto-socorro. Exames de sangue que rotineiramente são pedidos nas emergências não acusam a síndrome que tenho.

A recomendação foi para que eu buscasse um hematologista, pois pressentiram que poderia ser algo grave. Assim, busquei vários hematologistas. Cada um tinha um diagnóstico diferente; até lúpus disseram que eu tinha... Um mais sincero afirmou:

– Sei que você não tem câncer, mas não faço ideia de qual seja o seu problema.

Depois de muitas idas e vindas acertaram com o diagnóstico da síndrome, então vieram as prescrições:

– Marcella, você não corre o risco de sangramento espontâneo. Somente terá problemas se precisar de cirurgia ou em caso de acidente; se isso acontecer, você não deve fazer transfusão de sangue, mas sim, de plaquetas. Se vier uma plaqueta boa, de qualidade junto com a sua, elas serão capazes de se agregar e cumprir o seu papel.

Como eu não precisava fazer cirurgia e nem pretendia me acidentar - ninguém espera, não é verdade?! – a vida seguiria normalmente, mas fiquei proibida de tomar diversos remédios. Não posso tomar remédios com prefixo "anti", como anti-inflamatório e antibiótico. Meu corpo aprendeu a se recuperar sozinho, aprendi a superar as dores sintomáticas. Quando tenho uma inflamação, por exemplo, em que é obrigatório o uso do remédio, tomo uma dosagem maior por não mais de três dias, pois depois deles, começo a ter sangramentos espontâneos. Fiquei feliz em saber que eu viveria.

Fascinante perceber o cuidado de Deus desde que eu era criança. Ele sempre cuidou de mim. Quando criança, quebrei vários ossos; quebrei o braço, a perna e torci o joelho, porém nunca tive um corte severo e profundo. Nem cárie nos dentes tive. Sempre que ia à dentista, que é minha amada tia Sônia, Dra. Sônia Cavalcante, o único trabalho dela era fazer limpeza. Não precisei arrancar os sisos. Pura graça de Deus, pois se eu tivesse feito qualquer cirurgia deste tipo, poderia ter tido problemas sérios, como uma hemorragia na cadeira da dentista. Como amo esse Deus, que mesmo sem eu perceber, cuidava de mim de tão de perto.

"Louvarei ao Senhor em todo o tempo; o seu louvor estará continuamente na minha boca.
A minha alma se gloriará no Senhor; os mansos o ouvirão e se alegrarão.
Engrandecei ao Senhor comigo, e juntos exaltemos o seu nome.
Busquei ao Senhor, e ele me respondeu; livrou-me de todos os meus temores.
Olharam para ele, e foram iluminados; e os seus rostos não ficarão confundidos.
Clamou este pobre, e o Senhor o ouviu; e o salvou de todas as suas angústias.
O anjo do Senhor acampa-se ao redor dos que o temem, e os livra.
Provai e vede que o Senhor é bom; bem-aventurado o homem que nele confia.
Temei ao Senhor, vós os seus santos, pois não têm falta alguma aqueles que o temem.

Os filhos dos leões necessitam e sofrem fome, mas aqueles que buscam ao Senhor de nada têm falta.
Vinde, meninos, ouvi-me; eu vos ensinarei o temor do Senhor.
Quem é o homem que deseja a vida, que quer largos dias para ver o bem?
Guarda tua língua do mal e os teus lábios de falarem enganosamente.
Aparta-te do mal e faze o bem; procura a paz e segue-a.
Os olhos do Senhor estão sobre os justos; e os seus ouvidos, atentos ao seu clamor.
A face do Senhor está contra os que fazem o mal, para desarraigar da terra a memória deles"
(Salmo 34).

Voltando à Dra. Cláudia Miranda

Quando finalmente voltei para ser examinada, contei a minha saga hospitalar. Falei que eles não haviam feito a ressonância magnética que ela pedira, mas que tinham feito a tomografia computadorizada, e ainda falei do diagnóstico do médico da emergência, que havia feito a comparação com o avião.

Imagine uma profissional irada... Ela ficou. Não era só por ter a sua palavra ignorada, mas por não terem dado o atendimento necessário para mim! Ela ficou realmente transtornada. Aquela mulher é uma pesquisadora, médica e cientista, que ao saber da síndrome que eu tinha, fez a conexão e acertou o diagnóstico com certeza e precisão.

Ela bradou corajosamente:

– Não volto atrás no meu diagnóstico. Você tem um sangramento na cabeça.

Acreditei nela e passei a buscar uma ressonância pelas vias normais e mais lentas. Teria sido muito melhor se os exames fossem feitos na emergência, mas não havia tempo a perder. Liguei para diversos laboratórios do meu plano de saúde, mas há várias complicações. O conselho da médica foi para que eu fizesse exames de sangue enquanto esperava pela ressonância. Só consegui marcar para dali oito dias!

Meus colegas e equipe da rádio foram informados da questão e passaram a se mobilizar.

O marido da Claudinha, que trabalha com diagnóstico de imagem na Tijuca, disse que poderia tentar acelerar o processo, mas que eu deveria desmarcar o exame que já estava marcado para que ele pudesse entrar em ação. Enquanto isso, o deputado Arolde de Oliveira, que é o fundador da rádio, pediu que eu marcasse o exame rapidamente, e se o plano de saúde não pagasse, ele o faria. Novamente pude ver a mão do Senhor, dando um sossego no caso de o plano de saúde falhar. Era quinta-feira, e no dia seguinte fiz os exames de sangue.

Quem me visse nunca diria que eu estava com um sangramento na cabeça, pois não tinha sintomas mais severos se apresentando; eu estava normal. Voltei para casa andando rápido, pois é assim que caminho. Cheguei no Unigranrio Shopping, e a Claudinha, que estava na rádio tentando me encaixar para fazer o exame no laboratório do marido dela, disse que o plano de saúde não estava liberando o exame. Fui até um polo da Unimed que ficava no mesmo shopping. Falei com a atendente, expliquei o caso e o coração dela foi movido pelo Senhor. Contei que já tinha conseguido outro exame para aquele mesmo dia, mas que o plano não estava liberando por causa do outro que eu marcara anteriormente. Ela foi ótima e me liberou para fazer o exame.

Fui para a Tijuca com minha mãe. Minha amiga Valquíria estava dirigindo; só conseguimos estacionar o carro em um shopping que fica a uma quadra do laboratório, percurso que fizemos a pé. Quando chegou a minha hora de fazer o exame, vi aquela máquina enorme. Tem uma plataforma no meio, uma espécie de cama; você deita e entra naquilo. Parece equipamento de ficção científica. Um ar condicionado fortíssimo aumentava a tensão. Fiquei de olhos fechados.

O exame combina um forte campo eletromagnético com ondas de radiofrequência e permite visualizar cortes de órgãos em diversos planos. Como o campo eletromagnético é seguido das ondas e a imagem é registrada no computador, não pode haver movimentos durante o exame. Me prenderam com presilhas, mas logo me soltaram, pois precisavam que eu autorizasse o contraste. Foi o Marcos, marido da Claudinha, que disse:

– Marcella, você pode assinar a autorização para o contraste que você vai precisar tomar? Naquela mesma hora lembrei que a Dra. Cláudia Miranda havia dito que seria assim. Somente assinei e voltei a ser amarrada ao aparelho.

Desta vez eu estava mais atenta e fiquei de olhos abertos. Do lugar onde eu estava "amarrada" podia ver o Marcos, a médica que operava o equipamento e mais três pessoas. O que me chamou atenção foi a preocupação estampada nos olhos deles. Naquela hora eu orei em pensamento:

– Senhor, algo está errado aqui, devo estar muito mal. Parece que virei um peixinho de aquário e me tornei objeto de estudo. Como acontece nos Salmos em que o Senhor responde após o salmista dizer como se sente, o Espírito Santo me lembrou de uma canção que soava em meu coração. A cada linha, eu tomava aquilo para mim mesma:

Jesus meu guia é
Amigo e protetor
Ele é o meu bom pastor
E quando eu sentir temor
Nele confiarei
Nele confiarei
Fraco sou, mas Deus me dá
Seu poder, seu amor

Nele confiarei
Nele confiarei
Fraco sou, mas Deus me dá
Seu poder seu amor

O Marcos veio ao meu encontro assim que me tiraram da máquina. Percebi a tensão dele e achei melhor descontrair. Estava planejando uma gracinha; então disse:

— Marcella, precisamos que você vá até a outra sala para fazer uma tomografia para confirmar o diagnóstico. Aquela medida acabou com as minhas dúvidas de que a situação estava ruim. Depois da tomografia ele disse ainda:

— Troque de roupa, porque a médica quer falar com você. Soltei então a piadinha que já estava preparando:
— Está tudo bem? Tenho que preparar meu tubinho preto? Minha brincadeira sem graça, que trabalhava com o duplo entendimento de tubo preto como um vestido ou como um caixão, levou o Marcos a ficar travado. A situação estava séria mesmo.

Ao chegar no hallzinho onde estava minha mãe e Valquíria, adiantei:

— Acho que a situação não está boa. A médica quer falar comigo. Mãe, liga para o meu pai, e Val, liga para a igreja, porque é provável que eu não consiga ir para a vigília.

Deus me fez muito tranquila para esses assuntos. Por vezes, no momento do caos sou até fria e consigo resolver os problemas. Ao lembrar-me das palavras da Dra. Cláudia Miranda de que eu deveria seguir para um hospital, pensei no Quinta D'Or, que era perto dali e também da rádio. Não tinha noção completa do que eu tinha, mas sabia que algo estava muito errado. A médica me chamou:

— Você é a Marcella?

— Sim, sou eu.

— Você está aqui sozinha?

— Não.

— Você está dirigindo?

— Não.

— Você precisa ir para um hospital, o mais rapidamente possível. O hospital que estiver mais perto. Não se demore, vá agora.

Ela não disse mais nada, e nem precisava. Depois eu soube que ela temia que eu tivesse uma parada cardíaca e possivelmente uma parada respiratória ali mesmo; por isso a instrução para que eu saísse logo dali, já que não havia uma ambulância para o caso de emergência.

Enquanto isso, o Marcos passou o relatório do meu diagnóstico para a Claudinha, que comunicou a equipe da rádio. Todos passaram a saber o que eu tinha, menos eu, minha mãe e minha família.

Partimos para o hospital. Desci no Quinta D'Or, naquela rampa reservada para ambulância e para emergência. Com meus exames debaixo do braço me arrastei até a recepção, pois estava muito cansada, pálida e quase entregando os pontos. Depois de entregar a carteirinha, esperei até ser chamada na triagem. Quando viram os meus exames, me mandaram para uma sala amarela. Terrível; ao olhar para os lados, estavam os pacientes que estavam em péssimo estado, pareciam semimortos. Eu estava sentada com minha bolsa no colo, já que não haviam deixado minha mãe e nem minha amiga me acompanharem.

O contraste era tão evidente que um dos seguranças me tocou no ombro para que eu saísse, pensando que eu fosse uma acompanhante, mas quando mostrei aquela pulseirinha que eles colocam no pulso dos pacientes depois da triagem, ele me deixou ficar. Eu já não me aguentava; a médica da emergência desceu, e com ela uma neurologista. Ainda precisei caminhar até um biombo, onde me deitei. Mal me acomodei, pedi para ir ao banheiro, mas ela me chocou ao dizer:

- Você não pode ir ao banheiro.
- Como assim, não posso ir ao banheiro? – Perguntei meio indignada.
- Você não pode andar. Você é uma paciente de risco. Sentenciou a médica.
- Doutora, eu vim até aqui andando, como não posso ir ao banheiro sozinha?
- Você está tendo um AVC. Um AVC Hemorrágico. Depois que ela soltou aquela "bomba" no meu colo, vi o pavio queimando e minha ficha foi caindo.
- Espere aí, doutora. AVC não é aquele negócio que a pessoa quando tem cai no chão, entra em coma e quando volta fica torta? Perguntei já com a bomba explodindo no meu colo e antecipando algo terrível! A médica simplesmente disse:

- É isso mesmo.

- E então? Perguntei assustada e confusa.

- Então que não há explicação, pois a qualquer momento isso pode acontecer com você. Vou pedir para você já colocar a camisola – enquanto ela falava a enfermeira se aproximou de mim com uma fralda. Eu pensei que ficaria em um quarto e perguntei:

- Como assim, fralda, doutora?
- Você vai para o CTI.

Enquanto falávamos, meu pai chegava com o Pr. Rômulo. Enquanto escrevo essas linhas, ele pastoreia a minha igreja. É o meu pastor, mas na época era o Pr. Ary. Como o meu pai não estava em condições de dirigir, o Pr. Rômulo foi levá-lo. Chegou também o pessoal da rádio: minha chefe Andrea Maier, o JR, e o Carlos, da MK, além da minha amiga Rose e o Max.

A primeira providência médica foi fazer uma transfusão em mim. Só que não era cor de sangue, e eu brinquei:

- Isso é sangue? O que é isso, amarelo desse jeito?

- É uma transfusão de plaquetas.

A prescrição veio do meu hematologista. Enquanto eu recebia a transfusão, um a um foram entrando no biombo em que eu estava. Entravam, oravam e choravam. Minha mãe havia pedido para que segurassem as emoções ao falarem comigo, para não me abalar: "Ninguém chore!". Meu pai entrou, ficou firme, controlando as emoções e procurando parecer calmo, porém, quando saiu, desabafou:

- Minha filha é uma muralha, como ela está segurando tudo isso?!

Não era tanto valentia, é engraçado quando você ainda não tem muita noção das coisas. Eu ainda não tinha noção do que era um CTI.

Logo depois, me levaram para fazer outra ressonância de mapeamento, mas eu estava no limite das minhas forças. Eu sentia muita dor do lado direito, parecia que alguém havia enfiado uma grande faca ali. Fiz o que os filhos de Deus fazem quando estão no limite. Orei:

- Senhor, me ajude, não estou aguentando essa dor! Já passava da meia-noite, e tudo o que eu podia pensar era quando aquilo iria acabar. Eu clamava ao meu Deus:

- Senhor, faça isso terminar logo, não estou aguentando.

Meu quadro era complicado e deixava a equipe médica de saia justa, pois eu não podia tomar medicação, só podia tomar dipirona, que me foi administrada somente quando voltei do exame e me estabeleci no CTI. Quando consegui ver o relógio do hospital, ele marcava uma e quinze da manhã. O enfermeiro veio para colocar os equipamentos de monitoramento e falei assim:

- Não tem nenhuma enfermeira? Me ensine esse procedimento que eu mesma faço. O enfermeiro riu e pediu a outra pessoa que cuidasse de mim.

Naquele momento nefasto, eu ouvi um médico falando com o enfermeiro que me recebeu. Ele fechou a cortina e ficou com a ilusão de que por não podermos nos ver eu também não ouviria. Ele falou:

- Fique de olho nela, pois ela não vai passar dessa noite. Quando escutamos frases assim, que parecem decretos do inferno, precisamos ir a quem tem a última palavra. Foi o que fiz e falei para Aquele que nunca me deixa só:

– Senhor, se essa for a Sua vontade, cuida do meu pai e da minha mãe e me recebe no céu. Eu estava orando e ainda ouvi:

– Ela sangrou no tronco cerebral. Abrir cirurgicamente para drenar o sangue é mais perigoso que não abrir. Nós não temos nada para fazer por ela, vamos esperar e ver como o corpo dela vai reagir.

Entendi depois que eles tinham percebido que as plaquetas da transfusão haviam segurado o sangramento. Viram também com a ressonância de mapeamento que não havia veia alguma arrebentada, porém, o sangramento tomara 60% do meu tronco cerebral. Esse era o meu quadro.

Na manhã seguinte, bem cedo, durante a troca de plantão, meio desesperada falei para a enfermeira:

- Quero ir ao banheiro. Ela disse com muita calma:
- Faça na fralda. Fiz uma careta de súplica e peraltice e respondi:

- Eu não consigo! Ela pareceu condescendente, mas disse:
- Você não poderá se levantar.

Com uma técnica muito fantástica, eles dão banho na gente com um chumaço de algodão. Ela fez tudo com muito carinho, muito cuidado, e eu dava graças a Deus por ser uma moça. No CTI você não tem noção de hora. Eu conseguia ter alguma noção pela programação da televisão que ficava ligada.

Chegava o sábado, e com ele o café da manhã, depois o almoço e, embora desejasse muito, não sabia quando seria o horário das visitas. Mas mal me lamentei, olhei para a direita e vi os meus pastores chegando, o Pr. Ary e a Pra. Isabel Iack.

"Que formosos são sobre os montes os pés do que anuncia as boas-novas, que faz ouvir a paz, que anuncia coisas boas, que faz ouvir a salvação, que diz a Sião: O teu Deus reina!"
(Is. 52:7).

Existe um consolo indescritível com a chegada de um pastor nas horas difíceis da vida. Se há um ministério maravilhoso é o pastoral. Os pés do pastor transportam a presença divina e anunciam as boas novas do amor de Deus, de sua soberania e eternidade. Deus não está limitado ou preso ao tempo, de modo que surge sobrenaturalmente no espírito de quem sofre. A vida eterna e o poder são dEle para fazer o que quiser. Ele não está preso às leis humanas e naturais. Ele é o Criador e me mandou um pastor.

Naquela noite de sexta para sábado, eu estava particularmente entristecida e doída, pois eu tinha marcado uma vigília com os "meus" adolescentes e não podia estar lá. Os meninos também estavam sentindo a minha falta, pois me contaram que houve muita oração e súplicas deles em meu favor. Eu nunca poderia ter imaginado que a vigília que eu havia marcado seria para mim uma importante fonte de orações! Eles oravam bem objetivamente:

- Senhor, cure a tia Marcella, em nome de Jesus.

Nos bastidores da minha internação havia bastante movimento. A igreja, o corpo de Jesus estava mobilizado a meu favor. O Pastor Paulo César Brito, que é médico otorrinolaringologista advertia àqueles que não entendiam a gravidade da situação:

- Vejam o que está acontecendo com ela, pois ela pode estar com sequelas. A probabilidade disso acontecer é grande, e o quadro médico dela é complicado.

Havia tensão e preocupação na atmosfera emocional da igreja. Meus pastores estavam atentos e com o coração apertado, pois haviam me visto bem ao me deixarem lá. A preocupação do Pr. Paulo Brito não era exagero.

Eu estava internada em um CTI Neurológico da rede D'Or. O Quinta D'Or é uma referência no setor de neurologia, e lá estava eu, devidamente cuidada pelo Senhor. O contraste entre o meu estado de saúde e o dos outros pacientes internados comigo era marcante. As pessoas estavam em estado terrível. Quem estava internado no biombo à minha frente faleceu naquela noite em que cheguei. Percebi a movimentação noturna, que era uma triste rotina para a equipe médica. Muitas pessoas não conseguem sair vivas do CTI. Houve um fato engraçado. Certa noite, acordei sobressaltada com a senhora que estava no biombo ao lado do meu aos gritos:

- Prende o cachorro, prende o cachorro!

Depois perguntei baixinho para a Rose, já conto quem ela é:

- Rose, você prendeu o cachorro? Prende, Rose, caso contrário, não vou conseguir dormir (rs).

Como já havia dito, o Pr. Ary abriu o tempo das visitas. Chegaram os amigos queridos, que quebravam o clima esterilizado do CTI com suas roupas coloridas, vocabulário diferente e com assuntos totalmente distantes da realidade do hospital. Era um oásis de risadas, afetos e esperança. Meus pais administravam os turnos e doavam o seu tempo para os outros. Mesmo assim, sempre conseguiam me ver e ainda passar preciosos minutos ao meu lado.

Era possível perceber a apreensão deles. Eu já tinha vivido um momento semelhante quando meu pai foi internado; eu sabia como funcionava e como a minha mãe administrava e orientava quem entrava para a visita. Ela dizia:

- Se você tiver que chorar, chore aqui fora, mas quando entrar lá, fale da Palavra de Deus... Transmita vida.

Como foi com o meu pai quando esteve internado, assim também quando chegavam as minhas visitas sabia que haviam sido instruídas, mas podia ver a apreensão e o medo nos olhos. Todos vieram e se foram, inclusive os meus pais. Ali no CTI a solidão pode ser esmagadora para quem não está com Jesus. A habitação dEle, na pessoa do Espírito Santo dentro de nós, é um mistério fantástico e maravilhoso. Não podia tocá-Lo, não podia vê-Lo e nem ouvi-Lo, mas Ele estava lá. Havia a certeza; não uma certeza teórica e racional, mas viva, que se alinhava a sua promessa:

"... E eis que estou convosco todos os dias até a consumação dos séculos"
(Mt. 28:20).

Onde ninguém pode entrar com você, Ele pode. Na mesa de exame da ressonância, que parece um túmulo apertado, tem lugar para Jesus, e Ele ficou comigo. Na cama isolada do CTI, cercada pela cortina do biombo, havia um lugar para Jesus sentar. Nos momentos mais solitários da nossa existência, podemos sentir a carinhosa presença dEle. Nada se compara a ela. Nem sei como vivem as pessoas que não O conhecem. O meu Senhor se revelou suavemente durante o meu deserto.

OBRIGADA, JESUS.

Naquela visita do primeiro dia não houve atualização do meu quadro por parte dos médicos. Ninguém passou informação de como estava o meu estado de saúde e quais seriam os próximos passos. Eu queria sair logo dali, mas nem fazia ideia de quando teria alta. Eu não conhecia ainda a médica rotina do Hospital, mas depois descobri que o nome dela também é Cláudia. Ela é a Dra. Cláudia Lourenço de Almeida. Outro nome para essa função dela é intensivista. Quando a médica se especializa em tratamento intensivo, pode ser contratada pelo hospital para ser a responsável pelo CTI. Ela trabalha de segunda a sexta, no horário de expediente normal. Há vários outros médicos e enfermeiros que darão plantão nos outros horários, mas ninguém sabe melhor o estado de saúde dos pacientes que a médica rotina, pois ela está ali diariamente.

Às sete horas da noite, a equipe de plantão foi trocada. Foi então que veio junto com a nova equipe uma jovem técnica de enfermagem chamada Rose. Mal chegou ao serviço, ela se aproximou do meu biombo e me viu de pernas cruzadas assistindo televisão. Isso era impossível de acontecer.

Passar a perna esquerda sobre a direita era uma impossibilidade clínica.

Creio que Deus tem senso de humor. Ele me colocou em um biombo que ficava na porta da sala dos médicos, e todos que passavam me viam, obrigatoriamente. Acordada, desperta e... de pernas cruzadas assistindo à televisão. Meu estado era tão diferente dos demais que deixaram que entrasse um livro para mim, e depois até um aparelho celular. Nada disso pode, normalmente, mas a Dra. Cláudia Lourenço de Almeida entendeu que eu ficaria mais tranquila se me distraísse um pouco. Assim que a Dra. Cláudia, a rotina, saiu, entrou a Rose e ficou ali comigo durante quase todo o meu tempo de internação, pois ela ia dobrar o plantão dela. Depois que ela descobriu que eu era evangélica, sempre que podia, ela "encostava" no meu biombo para conversar.

Outra visita que recebi naquela noite foi a do Everson, um jovem que saíra do grupo de adolescentes há pouco tempo e que estava trabalhando no setor administrativo da igreja. Ele ainda me chamava de tia... Que graça!

- Tia, como a senhora está passando?

- Estou bem, Everson; Deus cuida de mim e Jesus não me deixa nunca.

Depois ele se foi e ficou a Rose. Com o passar das horas, um laço invisível de fraternidade foi se estabelecendo, na medida em que ela sempre dava uma paradinha no meu biombo. Eu até perguntei:

- Rose, e você, como está? Como é a sua igreja?

Essa pergunta foi o suficiente para nos aprofundarmos mais no relacionamento. Ela sentou-se pertinho da minha cama e abriu o coração. Contou que ela e o marido acabaram se afastando do convívio e do relacionamento com os irmãos da igreja. Estavam frios na fé, pois a rotina pesada de CTI e plantões constantes desestruturam drasticamente a vida social e até emocional. Exausta e exposta ao extremo limiar entre a vida e a morte constantemente, Rose estava secando por dentro. Seu espírito estava se apagando.

Foi com essa conversa que passou a primeira noite, e chegou a hora das visitas novamente. Era domingo e recebi muita gente, muitos amigos, e havia um fluxo maravilhoso de gente que amo entrando e saindo. Eu sabia que estava com um AVC, mas desconhecia os desdobramentos e o que poderia me acontecer. De alguma forma, Deus estava me guardando de sofrer antes da hora e de ficar estressada.

Eu estava bem acordada e lúcida, e assim passei a acompanhar a rotina do pessoal do CTI. Que formação e que estrutura admirável. Equipes e mais equipes de especialistas em salvar, manter e restaurar vidas. Como minha doença não estava com sintomas, a maioria dos procedimentos não fazia muito sentido para mim. Um deles foi a fralda, onde eu deveria fazer minhas necessidades fisiológicas. Eu simplesmente não conseguia.

- Alguém pode me dar uma comadre? Além de pedir a comadre, ainda queria privacidade e pedia que o biombo fosse fechado para que eu pudesse me sentir segura e liberar a urina, que a essa altura estava sob altíssima pressão.

Piorou quando o assunto passou a ser o número dois. Eu precisava evacuar, mas na fralda eu não ia fazer. De fato, não fiz durante o período em que fiquei internada. Foram quatro dias. Eu sempre insistindo com a Dra. Cláudia Lourenço de Almeida, a rotina, para que ela me liberasse para ir ao banheiro na companhia de uma enfermeira. Sei que não é tarefa simples, pois o paciente de CTI fica conectado a vários fios e tubos. Há um grampo no dedo e uma tira de compressão no braço para medir a pressão constantemente. Há as pequenas ventosas que informam os batimentos cardíacos e ainda o acesso às veias, por onde são injetados os medicamentos e o soro. Tudo precisa ser desconectado para que o paciente possa ir ao banheiro.

Ainda no domingo à noite, enquanto a equipe estava bem vigilante a me observar, um senhor que trabalha na manutenção do hospital foi me ver. Chegou educadamente e perguntou baixinho:

- Você é a Marcella da rádio? Era uma pergunta que servia como introdução e confirmação, pois no lado de fora da cortina do biombo havia uma plaquinha com o meu nome:

Marcella Cavalcante, que é o meu sobrenome do meio. Não era o nome que uso na rádio.

- Pode entrar, querido, respondi, percebendo pelo tom de voz e pelo respeito que era uma pessoa mais velha e crente. Ele vestia um jaleco de serviço azul escuro; trazia notícias "proibidas", talvez como fizessem os cristãos primitivos quando debaixo de perseguição, e tinha um brilho nos olhos ao falar:

- Eu vim aqui somente para dizer a você que tem muita gente orando por você, viu, moça? Ele era membro do Ministério Apascentar de Nova Iguaçu, e continuou:

- Hoje pela manhã, o pastor Marcus Gregório fez uma oração e levantou um clamor por você! Ele ainda pediu que continuássemos orando. – Ah, o pastor Gregório! Sempre tão atencioso. O irmão ainda acrescentou:

- Como o pastor pediu, o povo de Deus está clamando por você. Vim aqui somente para que você saiba. Ele deu um sorriso tímido, cheio de afeto e esperança. Foi usado por Deus para me abastecer de fé. Eu falei:

- Muito obrigada por você ter vindo aqui. Você se deu ao trabalho de deixar a sua rotina e vir aqui. Muito obrigada mesmo. Não sei que hora era, mas sei que a Rose já havia saído... Era tarde.

No outro dia pela manhã, segunda-feira, chegou a equipe rotina, com a Dra. Cláudia Lourenço de Almeida. Ela era a mulher certa para um lugar tão próximo da morte. Ela é cheia de vida, sorridente e alegre. Ela abriu o meu biombo e eu a vi. Os cabelos loiros e escovados combinavam perfeitamente com seu rosto luminoso e olhos castanhos. O capricho e a elegância com que ela se vestia mostravam a busca dela pela excelência e o seu alvo que era a vida, que começava nela e deveria encontrar os seus liderados e pacientes.

Quando eu ouvia o "toc toc" dos seus sapatos, uma sensação de segurança me visitava. Como uma mulher, com seus 30 e poucos anos podia ser, ao mesmo tempo meiga e firme? Ela mostrava cuidado, amor e compaixão, em um contexto em que a maioria prefere se blindar e se proteger. Não sei se ela é cristã, mas um tipo do amor de Deus podia ser percebido nela na medida em que amava, mas também era segura e determinada, não somente comigo, mas também com os meus pais ela sempre era extremamente gentil, mesmo diante da insistência e até impertinência para que me deixasse sair.

Ela me viu e disse desconfiada:

- Você é uma menina tão bonita. O que você está fazendo aqui? Você é muito novinha para estar aqui.

Ela foi investigando, perguntando, conhecendo, e não me passava o diagnóstico, mas me dava muita atenção. Eu me sentia protegida pela sua juventude competente e dócil. Ela conhecia tudo e todos; era uma líder que comandava, como uma mãe que estuda para proteger os filhos amados. Eu tinha esperança, pois sabia que ela é quem poderia me liberar e dar prosseguimento. Uma mulher que me passou o telefone celular dela, deixou claro o seu nível de comprometimento.

Logo depois chegou o fisioterapeuta. Com isso, eu ia entendendo a rotina do CTI. O especialista me libertava de todos aqueles tubos e fios e me colocava em um sofá, de onde eu deveria me levantar e andar. Eu estava bem e dei uma caminhada com ele pelo CTI, o que me valeu para reativar a circulação do corpo todo que estava lá deitado ou sentado há muito tempo. Ele buscou o meu lado esquerdo e comprimiu, pois era o lado que estava sendo afetado pelo sangramento; ou pelo menos deveria estar sendo afetado e causando a parestesia. Depois ele foi à procura de outros pacientes.

Na segunda-feira, quando chegou a hora da visita, foi uma festa. Desta vez, a maioria era da rádio, e eles chegaram imaginando que eu estaria toda arrebentada, abatida e com tubos, mas quando chegaram, me flagraram de pernas cruzadas assistindo à televisão. A Viviane e a Cristiane me contaram depois sobre a surpresa que tiveram quando me encontraram tão bem. Como é bom receber visitas!

Quando todos saíram, a Dra. Cláudia Lourenço de Almeida chegou com um amigo, que segundo ela, era um grande neurocirurgião do estado do Rio de Janeiro. Ele era um típico médico, se é que isso existe. Meia idade, cabelos prateados, vestia um casaco de couro marrom, pele clara e muito atencioso. Era um observador perspicaz. Ao entrar no biombo com ela, ele me perguntou:

- Você é a Marcella Cavalcante?
- Sou eu mesma. Respondi olhando para o rosto dele, curiosa com a ênfase.
– Não é não. Ele falou voltando-se para o meu pai.
– Sou sim. Eu o interrompi, como quem estava passando por um teste psicológico de estabelecimento de autoimagem e identidade.
– Não é não. Ele teimou.
– Será que me enganaram a vida inteira e agora eu vou descobrir que não sou?! Vim para cá somente para descobrir isso? Entrei na brincadeira.
– Vou explicar por que não é. Porque a Marcella Cavalcante que eu tenho os exames lá dentro está morta, e quando eu olho para você eu vejo vida! Aproveitei a deixa e pedi:
– Então você me dá alta? Eu não aguento mais ficar aqui. Por favor, me deixe ir embora. Fiz a melhor cara de coitadinha que podia, mas não funcionou.
– Não posso. Você vai ficar mais um tempo.

Depois da brincadeira, ele deixou claro que o meu quadro era sério e que precisaríamos ter cuidado e atenção. Eu fui aprendendo que basta a cada dia o seu mal. É difícil aprender isso.

A partir daí, sempre que a Dra. Cláudia vinha eu suplicava:

– Me deixe ir embora daqui.

– Você não vai embora; você nem evacuou.

– Doutora, eu tenho certeza que o meu intestino está funcionando, mas aqui ele não vai funcionar nunca. Me leve para um banheiro que a senhora verá que tenho razão!

Eu ainda descobri que eles estavam me dando um pouquinho de laxante para poder soltar o intestino. Foi preciso muita convicção e insistência para convencê-la, e quando isso aconteceu, foi a Rose que me levou ao banheiro. Sucesso! Mandei logo um recado:

– Pode ligar para a Dra. Claudia e avisar a ela que está tudo bem comigo. Ela vai me dar alta!

Na noite de terça-feira, a Rose veio ao meu biombo, e ela estava fazendo um chaveiro que me deu de presente e que tenho até hoje. Como foi bom tê-la por perto! Ela me confidenciou:

- Eu preciso dar esse chaveiro para você, e não pode passar de hoje.

Ela encostou, depois se sentou e perguntou:

– Marcella, ao final das contas o que você tem? A carinha dela realmente parecia confusa, mas eu fui muito sincera com ela:

– Se você que é enfermeira não sabe, eu também não sei; eles me disseram que eu tenho um AVC. Ali, naquele clima de cumplicidade e intimidade ela prosseguiu:

– Sabe por que estou perguntando? Porque quando peguei o plantão no domingo me disseram que você era a paciente mais grave do CTI! Você é a paciente mais grave, mas você não está entubada; você se mexe, cruza as pernas, fala. Você é a paciente mais grave do CTI, mas se eu der mole, você levanta da cama e sai andando. Marcella, olhe à sua volta... Todos estavam realmente muito mal. Então aproveitei aquele clima de amor fraternal, promovido pelo Altíssimo e falei:

– Porque o nosso Deus é bom, e Ele cuida da gente. Não estou dizendo que a gente está livre de passar por dores e sofrimentos, tanto que eu estou aqui. Porém, digo que existe uma manifestação do cuidado de Deus nestes dias e sinto Sua proteção e amor. Rose, Ele está chamando você de volta.

– Naquele dia ela voltou para Jesus, ali, ao meu lado; dentro do CTI houve festa no céu. Eu não podia ver, mas devia ter uma banda sinfônica de anjos comemorando!

Eu falei para Deus:

- Entendi porque estou no CTI!

Enquanto terminávamos de fazer a oração, ouvi que havia chegado uma pizza. Informação interna, somente para a equipe, naturalmente. Aproveitei e perguntei:

– Pizza da Sativa? Vai lá Rose, você vai comer pizza e eu fico aqui, comendo mingau. Falei de brincadeira, estava feliz por poder participar da alegria daquela equipe de heróis.

– Você conhece essa pizza? Perguntou a minha mais nova amiga e irmã.

– Conheço, a gente pede também lá na rádio, que é bem próxima ao hospital.

E mais uma noite se passou. Eu vinha sistematicamente solicitando a minha alta. Durante todo o período, diariamente eu fazia ressonância magnética ou a tomografia computadorizada, tanto que fiquei muito tempo sem poder fazer outros exames ou passar por qualquer tipo de radiação. Os exames mostravam que o coágulo estava diminuindo!

A Dra. Cláudia foi até o meu biombo para conversar e confessou:

– Marcella, de uma maneira que eu não entendo o seu corpo já está sanando o coágulo. Você só está tomando dipirona! Nós vamos liberar você, está bem?!

Eu adorei, mas minha mãe ficou desconfiada e pediu ao meu pai para não deixar que eu saísse. Eu insisti:

- Me libere, pelo amor de Deus!
Entendo o medo de minha mãe, ela me conhece e dizia:

– Você é muito elétrica, você vai querer aprontar. Não vai guardar o repouso.

A Dra. Cláudia, ao perceber o movimento e os argumentos da minha mãe, voltou-se para mim, olhou nos meus olhos e disse:

– Você vai me prometer que ficará deitada. Concordei, claro!

Nesse dia, ela me deixou tomar um banho em pé. A Rose soltou todos os fios e cabos e acompanhou até o banheiro. Ali embaixo d'água, senti aquele chuveiro gostoso, livre para poder me mexer... Eu me sentia tão livre e tão vitoriosa! Eu agradecia:

– Senhor, muito obrigada por esse banho, obrigada pela Tua bondade, obrigada, Senhor!

Do lado de fora do "box", a Rose perguntava:

– Você está falando comigo?

– Não, Rose, eu estou agradecendo a Deus! Obrigada, meu Deus, como é bom poder tomar banho.

A Dra. Cláudia tinha um plano intermediário, que era me liberar do CTI para um quarto, ainda dentro do hospital, mas não havia vaga nem nas enfermarias, em que os quartos são divididos, e nem nos quartos particulares. O de praxe seria me deixar três ou quatro dias em um quarto, para só então dar a alta definitiva. Contudo, não havia nenhuma vaga disponível. Mesmo assim, a médica resolveu me liberar:

– Isto vai contra qualquer procedimento anterior, é a primeira vez que estou liberando alguém direto do CTI para casa. Daí o meu receio, mas vou liberar você.

Eu saí na cadeira de rodas, mas entrei no carro e cheguei em casa andando. Hoje compreendo que até o fato de não ter vagas foi uma bênção de Deus, pois se eu tivesse ficado lá mais três ou quatro dias, ficaria meses internada. Três dias depois que eu estava em casa, comecei a apresentar os sintomas da doença. Conforme o sangue foi sendo drenado, o coágulo passou pelos neurônios, alguns dos quais eram responsáveis pelo meu equilíbrio.

Cheguei em casa muito bem, andando e me sentindo ótima. Aliás, minha mãe tinha razão, pois eu já fazia planos de fazer o cerimonial de quinze anos de uma das minhas adolescentes. Isso eu já contei no início, e também disse como perdi totalmente o equilíbrio; fiquei com severas dificuldades para comer, para falar e para me mexer. Eu estava muito magrinha e cheguei a pesar quarenta e três quilos.

Quando chegou o dia dos pais, como já contei, orei a Deus:
– Ah, Senhor, eu queria poder dar esse presente para o meu pai.

Ele saiu de casa e depois voltou, mas ainda não era o tempo de Deus. Ele é um homem de fé. Se ele saísse quatro vezes por dia de casa, em todas elas ele ia até a minha cama e me desafiava:

– E aí, minha filha, você já está andando? Como amo aquele homem! Enquanto aguardávamos, eu brincava com ele depois que ele perguntava:

– Você trouxe o "pó do pirlimpimpim?"

Fomos vivendo aquele momento. Os amigos se apresentavam sempre e nos presenteavam com uma casa sempre cheia.

"Perto está o SENHOR dos que têm o coração quebrantado e salva os de espírito oprimido. Muitas são as aflições do justo, mas o SENHOR de todas o livra"
(Sl 34.18-19).

De alguma maneira que só entende quem passa, Deus se faz presente, fica mais perto quando temos o coração moído pelas tragédias da vida. Ele já habita dentro de nós, o Espírito Santo está misturado com cada parte da nossa alma, mas, de uma maneira muito especial, o Senhor se revela para consolar quem sofre. O céu se abre e as dimensões se fundem, enquanto percebemos e conhecemos no mais íntimo de nosso ser Aquele que nos criou e nos salvou. Se você está sofrendo agora, saiba que o Pai Celeste tem um "fraco" pelos quebrantados. Aproveite... Clame a Ele, pense nele, fale com Ele e Ele se manifestará. Deus é bom e usa todos os momentos difíceis para se mostrar maravilhoso.

Se você nunca se relacionou com Deus, se você não se

entregou a Ele por meio do Seu filho, Jesus, este é um excelente momento. Ele é Deus dos saudáveis e dos doentes, embora reserve certos mimos e revelações para aqueles que passam pelas provas, são aprovados e promovidos para poder dizer como Jó:

"... agora os meus olhos te veem".

Deus se mostrava para minha família; minhas tias por parte de mãe, minha avó e meus tios passaram a nos visitar todo sábado. A gente fazia um culto - levavam violão; meu tio, que veio a falecer alguns anos depois de um AVC, levou uma folha com aquela música do Vitorino Silva:

Deus tem um plano em cada criatura
Aos astros, Ele dá o céu
A cada rio, Ele dá um leito
E um caminho para mim traçou

A minha vida, eu entrego a Ti
Pois o Seu Filho a entregou por mim
Não me importa onde for, seguirei meu Senhor
Sobre terra ou mar, onde Deus mandar, irei

Deus enumera a cada grão de areia
E as ondas ouvem Seu mandar
As aves em seus rumos Lhe obedecem

Seu carinho faz abrir a flor.
A minha vida eu entrego, entrego a Deus
Pois o Seu Filho, lá na cruz, a entregou por mim
Não me importa aonde for, seguirei meu Senhor
Sobre terra ou mar, onde Deus mandar, irei.
Em Seu querer encontro paz na vida
E bênçãos que jamais gozei
Embora venham lutas e tristezas
Tenho fé que Deus me guiará.
A minha vida eu entrego, entrego a Deus
Pois o Seu Filho, lá na cruz, a entregou por mim
Não me importa aonde for, seguirei meu Senhor
Sobre terra ou mar, onde Deus mandar, irei.

Foi ali, com minha família, que eu ia vivendo a cada dia. Como setembro estava se aproximando, pude desfrutar do cuidado de Deus através da igreja. Mesmo naquela minha situação complicada, a liderança dos adolescentes foi lá em casa para resolvermos os assuntos do acampamento. Eu estava escorada para poder ficar na reunião, e disse com esforço:

- Gente, toca o barco e faz acontecer, pois Deus sempre cumpre a parte dEle e todos os retiros são bênçãos singulares. Por dentro, eu falava com o Senhor:

- Como eu queria estar lá com eles neste acampamento!

Na última semana de agosto fui ao otorrino para saber como estava o centro do meu equilíbrio, se alguma parte havia sido afetada ou não. Fazer exames e ir a médicos era um suplício, pois sempre tem uma escadinha ou uma subida, além dos prédios sem elevadores, onde tínhamos que subir vários lances de escadas. Meus pais me seguravam pela cintura, me carregando com toda a força e cuidado que tinham. E assim nós íamos...

Fomos ver o Dr. Guido, que disse:

- Eu não vou fazer os exames que provocam labirintite, porque você já está numa labirintite constante, vamos lá para ver a audiometria.

Acabaram descobrindo que eu ouvia bem até demais. Fiquei lá sentada, e depois descobri que a filha dele tem a mesma doença de sangue que eu. Acho que por isso ele foi tão enfático ao afirmar:

- Marcella não vai voltar a andar nunca mais. Ela vai ficar com sequela de equilíbrio.

Meu pai quase caiu da cadeira, ficou muito abalado. Ele é um pastor abençoadíssimo, mas ouvir certas frases é uma prova para qualquer um. Ele é pastor, mas é um homem. Aquela perspectiva era terrível. Sequela de equilíbrio era não ter mais nada; era ficar escorada nos meus pais para o resto da vida.

Não era somente depender deles para andar, mas para ir ao banheiro, tomar banho e fazer os movimentos mais triviais da vida. Depois desta terrível sentença, fui levada de volta para casa e colocada na cama do quarto dos meus pais. Foi aí que pedi que apagasse a luz, e no silêncio daquele lugar fiz a oração mais difícil da minha vida:

- Pai, o Senhor sabe que eu tenho sonhos; o Senhor sabe que eu tenho planos. Eu fiz jornalismo e sou apaixonada pelo que faço. O Senhor ainda me deu a honra de trabalhar propagando a fé que eu vivo, que eu acredito. Eu tenho sonhos de futuro, de casamento, de filhos. Eu amo o meu ministério, meus adolescentes; nunca mais poderei pular com eles?! Mas se essa for a Tua vontade, me ensina a me submeter a ela, porque eu não quero passar a minha vida inteira "socando o Teu trono", e assim me tornar uma murmuradora do coração amargurado.

Naquele momento, Deus me fez entender que, mesmo podendo fazer qualquer milagre, o mais importante que Ele pode fazer por alguém é dar a salvação. Ele não me deu o que eu merecia, que é a condenação eterna para todo aquele que peca, mas Ele me deu o que eu não merecia: a salvação. Paulo coloca uma lógica irrefutável:

"Por isso, não desanimamos; pelo contrário, mesmo que o nosso homem exterior se corrompa, contudo, o nosso homem interior se renova de dia em dia.
Porque a nossa leve e momentânea tribulação produz para

nós eterno peso de glória, acima de toda comparação,
Não atentando nós nas coisas que se veem, mas nas que se
não veem; porque as que se veem são temporais, e as que se
não veem são eternas"
(2Co. 4:16-18).

Deus me deu a possibilidade de ficar de bem com Ele. Posso me relacionar com o Criador e ainda chamá-Lo de Pai! Ele fez morada dentro de mim e está bem pertinho, a todo instante. Como acredito que Deus é todo-poderoso e também é amoroso, sei que tudo o que acontece comigo é para o meu bem, por mais que isso me assuste. Paulo nos traz para uma dimensão de eternidade e diz que as dores daqui são pequenas perto da gigantesca glória que o Senhor tem reservada para nós. Ele nos desafia a viver com a cabeça nos céus e os pés na terra.

Por isso, se o Senhor me curar, aleluia, louvado seja Deus! Mas se não o fizer, quero louvá-Lo enquanto eu respirar, pois sei que no dia em que eu der o meu último sopro, estarei para sempre com Ele, para louvá-Lo por toda a eternidade.

Um dia após essa oração, no término do Debate 93, o JR ligou para orar comigo, como sempre fazia:

- E aí, como você está?

Com os amigos não precisamos fingir ou dar uma de forte. Abri o meu coração:

- Estou tão cansada, tão sem perspectiva! Falei já ensaiando um choro, mas o JR estava pronto para ser usado pelo Senhor para me animar e fortalecer. Ele citou um texto:

"O que é já foi, e o que há de ser também já foi; Deus fará renovar-se o que se passou"
(Ec. 3:15).

- Marcella, será que Deus perdeu o controle? Será que Ele foi pego de surpresa? Claro que não. Ele está cuidando de tudo; o teu futuro, Ele já sabe. Não estou garantindo que Deus irá levantar você. Se Ele quiser, é poderoso para isso, mas quero mostrar a você o que já consigo ver da bondade e do poder de Deus. Ele tomou fôlego e continuou:

- Sabe a Dra. Cláudia que diagnosticou o AVC antes de todos? Lá atrás, quando ela era ainda adolescente, poderia ter escolhido dormir, voltar-se para outra área, ou ainda levar os estudos de qualquer maneira; porém, ela escolheu exatamente fazer medicina, e decidiu ser uma neurologista – e das boas! Tudo isso para que ela pudesse atender você, Marcella. Isso é soberania de Deus, é presciência. Deus está cuidando de tudo, pois em 2011 ela atenderia você, faria um diagnóstico preciso e antecipado, que contava inclusive com os atrasos dos hospitais para poder cuidar de você. Ele é um Deus de detalhes. Você consegue vê-Lo agindo a seu favor? Acalme o seu coração e descanse nEle.

De fato descansei, me entreguei a Ele, me rendi completamente. O que viesse não me separaria dEle, mas eu ainda sabia que ele é poderoso e que poderia agir. Depois desta oração e do que o JR me falou, passaram-se duas semanas e meia, e do mesmo jeito que os sintomas passaram em cima de mim como uma carreta, saíram do outro lado. O Senhor me levantou. Sem fisioterapia ou fonoaudiologia, simplesmente voltei a andar e a falar normalmente. Aleluia!

Não foi instantâneo, foi aos poucos, mas os progressos eram constantes. Eu comecei a me sentar para participar das refeições. Depois comecei a tentar ir ao banheiro sozinha, quando não tinha ninguém por perto. Eu ia me segurando, e se eu não conseguisse, batia na parede ou na porta para que viessem me ajudar. Só que eu ia cada dia mais longe, eu dava um passo e depois o outro - tremia as pernas-, mas comecei a andar. Foi quando me veio a lembrança:

- O acampamento! Mãe, pai, quero ir para o acampamento em Xerém.

Meu pastor, o Pr. Ary, e meus pais também disseram que não, mas depois de muito custo e de muitas promessas, consegui convencê-los. O fato da Valquíria ter se comprometido em estar ao meu lado o tempo todo fez muita diferença para essa permissão, e o meu coração ficou extasiado de tanta alegria; eu mal podia acreditar que estaria com meus meninos no Acampamento de 2011: "Desculpe o transtorno, estamos em obras!".

O retiro começava na sexta-feira, mas eu só fui no sábado

de manhãzinha. Cheguei tremelicando e fui vista pelos adolescentes, que vieram como um mar de abraços, que quebra em ondas de esperança e alegria. Nós cantávamos Vitória no Deserto, da Aline Barros:

Quando a noite fria cair sobre mim
E num deserto eu me encontrar
Me ver cercado por egípcios e por faraó
Sendo impedido de prosseguir

Sei que o teu fogo cairá sobre mim
Sei que o teu fogo cairá sobre mim
E me levará a em ti confiar
E me levará a em ti confiar

Mas quando chegava essa parte, ela era para mim. Eu sabia que o mar estava se abrindo e que eu estava vivendo um milagre. Eu cantava com lágrimas, enquanto sentia a poderosa mão de Deus sobre mim, me surpreendendo com Sua poderosa bondade.

Então eu direi, ohohohoh, abra-se o mar
E eu passarei pulando e dançando em Sua presença
Então eu direi, ohohohoh , abra-se o mar
E eu passarei pulando e dançando em Sua presença

Eu não pulava ainda, mas tentava, pois estava na presença do meu Rei.

Por isso eu pulo, pulo, pulo, pulo, pulo
Na presença do rei
Por isso eu danço, danço, danço, danço, danço
Na presença do rei
Um grito de júbilo
Por isso eu grito, grito, grito, grito, grito
Na presença do rei
Por isso eu corro, corro, corro, corro, corro
Na presença do rei

Quando precisava subir ao púlpito, as pessoas iam me ajudando. Que alegria, que maravilha, que surpresa excelente! A mão de Deus era perceptível.

O retiro era para eles, mas todos estávamos em obras. Fui servindo, trabalhando, e minhas forças foram sendo renovadas, assim como as de Jó, quando resolveu trabalhar pelos seus amigos.

"Mudou o SENHOR a sorte de Jó, quando este orava pelos seus amigos; e o SENHOR deu-lhe o dobro de tudo o que antes possuíra"
(Jó 42:10)

Depois deste tempo de trabalhar e servir debaixo da mão do Senhor, precisamente dez dias depois, pedi para voltar para o trabalho. Eu não precisava, pois estava de licença do INSS, mas Deus ainda estava me dando "o que eu antes possuía". Todo mundo do trabalho perguntava:

- Como você vai voltar, menina? Havia uma surpresa óbvia no ar. Eu mal andava e falava há algumas semanas e já queria unir forças com a equipe da rádio. Mas eu implorava:

- Me deixem voltar, pelo menos o meio expediente da manhã. Deixa, vai... sei que vou dar conta. Eu prometo que deixo a empresa por volta da uma, uma e meia da tarde, no máximo.

Eles toparam, super ressabiados. Meus pais me levavam de carro pela manhã e a empresa pagava o táxi para me levar de volta no começo da tarde. Todos apavorados! Neste momento eu já andava sem tremelicar e arriscava passos firmes. Consegui dar conta das minhas tarefas e liberar a Cris para ficar só com os afazeres dela, já que foi ela quem me cobriu durante este período em que fiquei fora.

Em dezembro de 2011 recebi alta do INSS, e aí eu voltei a ir sozinha para o trabalho. Eu tinha aquela sensação de prêmio, e me lembrei do Salmo:

"Quando o SENHOR restaurou a sorte de Sião, ficamos como quem sonha. Então, a nossa boca se encheu de riso, e a nossa língua, de júbilo;"
(Sl. 126:1-2a).

Eu ria sozinha e orava em silêncio:

- Estou voltando, meu Deus, estou voltando para minha vida. O que o Senhor está fazendo?

E eu ria e me alegrava com Aquele que estivera presente na prisão do meu corpo e agora comemorava comigo a liberdade da minha antiga vida, que nunca mais seria vivida da mesma maneira. Nunca mais eu perderia o assombro e a maravilha de viver a rotina abençoada da vida que Ele nos dá. A rotina do coração a bater, dos rins a funcionar, dos neurônios a transmitir, do cérebro a comandar, do sol a raiar, dos relógios de ponto a marcar, dos transportes a se espremerem e das pessoas a se apressarem para mais um dia de vida, maravilhosa vida.

Embora eu me sentisse maravilhosa, a Dra. Cláudia Miranda disse que só me daria alta mesmo em março, quando eu poderia fazer novos exames. Como eu tinha tomado muita radiação, teria que esperar esse tempo para me expor novamente.

E março chegou; voltei às máquinas futuristas, com seus casulos barulhentos e correias firmes, somente para constatar que ficara curada - de modo surpreendente e contrário aos prognósticos mais otimistas. Quem dizia que eu morreria ou que ficaria com sequelas permanentes não estava sendo pessimista, mas "realista", pois o meu quadro era, de fato, muito grave. A recuperação não foi natural, mas sobrenatural. Não há como tirar a ação de Deus da equação da minha cura. A doutora me perguntou:

- Posso levar seus exames para estudarmos você? Eu era tão grata a ela e tão feliz por ser um dos raros casos de recuperação, que disse:

- Pode sim, Dra. Cláudia, será um prazer ajudá-los a ter mais conhecimento para ajudar quem sofre como eu sofri.

Para a equipe médica do CTI do hospital onde fiquei internada, não sangro mais na cabeça, porém, disseram que sou uma bomba ambulante. Como ninguém conseguiu explicar a razão de eu ter sangrado na cabeça, imaginam que eu possa sangrar em qualquer outro órgão, a qualquer momento. Quando conto este fato em algumas igrejas onde vou testemunhar, alguns me perguntam:

- Você crê que Deus pode curá-la?
- Claro que creio, Ele me curou de maneira milagrosa e pode fazê-lo nova e definitivamente. Eu sei que Ele é bom e muito poderoso.

Hoje, vivo um milagre todo dia. A cada nascer do sol, o deslumbre de mais um dia de existência, sustentada pelas mãos do Todo-Poderoso. Todos estamos assim, mas como muitos não ficam doentes, se esquecem de que a vida é frágil e que dependemos do Senhor a cada instante. Até o Universo depende dEle!

"Ele, que é o resplendor da glória e a expressão exata do seu Ser, sustentando todas as coisas pela palavra do seu poder, depois de ter feito a purificação dos pecados, assentou- se à direita da Majestade, nas alturas"
(Hb. 1:3).

Os meus pastores dizem que sou ligada no 340V, pois 220V é pouco para mim. Quem trabalha com adolescentes precisa seguir no ritmo deles, que é agitação e movimento o tempo todo. Meu trabalho na rádio também requer muita atenção e energia - Deus me fez assim e Ele me sustenta.

Apesar de toda recuperação, ainda ficaram pequenas marcas do AVC. Tenho pequenas quedas para o lado esquerdo todos os dias. Quando vou me vestir pela manhã, preciso me concentrar, pois não é mais automático. Faço pilates com foco em reabilitação do equilíbrio - é um intenso trabalho para treinar meu cérebro. Além disso, faço também exercícios mais pesados e com mais impacto. Faço ginástica funcional.

Quando fui fazer um agachamento apoiada apenas na perna esquerda na ginástica, precisei de muito esforço e concentração. Falei comigo mesma, me lamentando:

- Puxa, eu fazia isso com tanta facilidade! No mesmo momento, o Espírito Santo me alinhou:
- Não reclame, porque essa é a marca que Deus deixou em você da bondade dEle.

Diariamente me lembro do Salmo 23, que tem mais sentido hoje, principalmente o verso 4.

"Ainda que eu ande pelo vale da sombra da morte, não temerei mal nenhum, porque tu estás comigo; o teu bordão e o teu cajado me consolam"
(Sl. 23:4).

Eu estive no tal vale da sombra da morte. Ele esteve comigo, me protegeu, me consolou e me tirou de lá!

Minha mãe, certo domingo, quando eu ainda estava de cama e meu pai estava na igreja, me falou assim:

- Deus me disse que irá levantar você desta cama. Ele irá usá-la em muitos lugares para testemunhar e até para pregar. Ele também me lembrou de que nós pensávamos que você seria um menino e que seu avô, que morreu quatro meses antes de você nascer, também o achava. Eu coloquei a mão na minha barriga e orei assim: "Senhor, seja menino ou menina, prometo a Ti que farei desta criança um(a) pregador(a). Entrego esta criança em tuas mãos". O Senhor a fez lembrar ainda que ela pedira para que Deus me poupasse de um problema de saúde, já que lá em casa os três tinham tido algum problema, mas depois entendeu que quem passa por essas doenças é privilegiado. Ela achou que fosse coisa da cabeça dela, mas lembrou-se da passagem:

"Meus irmãos, tende por motivo de toda alegria o
passardes por várias provações"
(Tg. 1:2).

Quem passa por momentos assim é realmente uma pessoa privilegiada, mas não cabe ao ser humano escolher se vai acontecer, quando ou como, mas a filha de Deus pode confiar no amor e no poder do Todo-Poderoso.

Certa ocasião, senti uma dor de cabeça, uma pressão. Nada demais, mas eu havia prometido à equipe médica e aos meus pais que não iria mais ignorar sintoma algum e que a qualquer sinal de dor buscaria ajuda. Foi o que fiz, fui para o hospital e fiz uma ressonância. O médico de lá ficou atordoado e andava para cá e para lá... Percebi que ele estava aflito. Tomei a iniciativa de informá-lo do AVC e ele ficou aliviado.

Eu entendi que qualquer um que olhar para os meus exames verá a prova que Deus deixou, a marca para a medicina olhar e constatar que eu sangrei exatamente ali. Eu tenho a marca do AVC, o terrível acidente que acabou por me aconchegar e conhecer melhor o meu Pai Celestial.

Eu usava muito o salto alto, mas agora não uso tanto. O certo mesmo era não usar mais - porém gosto de desafios, e quando vou às reuniões da igreja, vou de salto alto. Ainda tenho os pequenos desequilíbrios; quando estou muito cansada, puxo a perna, e para um observador atento, fiquei um pouquinho manca, mas diante do que era para ficar, isso nada mais é do que um testemunho.

Só agradeço a Deus.

Existe uma Marcella antes do terrível AVC, que congelou a minha vida, mas eu sempre amei a Jesus, sempre andei com Ele. Sempre quis estar exatamente onde Ele me queria.

Mas hoje eu entendo Jó: *antes eu te conhecia de ouvir falar,* *hoje os meus olhos te veem.* Eu aprendi com Deus a beleza do caminho. Às vezes a gente olha só num ponto, o do milagre, e esquece todo o caminho no deserto. Contudo, eu aprendi em Deus a ver a beleza do caminho, mesmo no deserto. Ver a provisão de Deus no meio da provação. Eu descobri que há beleza no caminho e que ninguém conhece ou comanda o futuro. Tudo o que temos é o hoje, e hoje eu agradeço a Deus até pela doença cruel, que acabou por abrir o céu e aproximar-me mais de Deus e da sua gigantesca bondade.

Eu fico me perguntando se eu tinha real noção do que estava acontecendo comigo. Eu confesso que não, porque ainda hoje, quando eu pesquiso sobre AVC, fico abobalhada, abestalhada, mas também muito grata com a bondade de Deus, porque me deparar com os estragos que o AVC provoca é uma loucura - AVC no tronco cerebral é pior ainda.

Ouvi histórias de pessoas que tiveram AVC com a minha idade. Logo depois, o irmão de uma amiga que trabalha comigo teve um AVC e acabou falecendo. Olhar para trás é assustador, mas vejo como Deus foi bom em todos os detalhes, principalmente na proteção da minha sanidade, como se, mesmo permitindo tudo aquilo, me colocasse em uma redoma, resguardando a minha mente. Sim, a minha mente estava resguardada quando o meu corpo nem sequer obedecia.

O paciente de AVC é um prisioneiro de seu próprio corpo, porque geralmente a mente está boa, mas as ordens dela não são obedecidas pelo corpo. Sendo mais controladora e perdendo este controle, eu me sentia como uma criança. No início eu fazia muitos planos para quando estivesse de volta à rádio. Depois eu comecei a não fazer mais, a viver um dia de cada vez, mas eram dias longos, bem longos. Passava a manhã deitada na cama ouvindo o meu radinho - ouvia o Debate pelo rádio. Todo dia alguém me levava para tomar banho, e depois voltava para o quarto dos meus pais para que o meu quarto fosse limpo; lá eu recebia as minhas visitas e geralmente tinha um culto. Eu não via televisão, eu ouvia. No final da noite me traziam de volta para o meu quarto. Minha mãe e meu pai vinham, liam a Bíblia e orávamos. O que me mantinha sã era a *"paz, que excede todo o entendimento"* (Filipenses 4:7). Não existe outra explicação, a não ser o Senhor.

Foi a graça do Senhor que guardou a minha mente naqueles dias; foi Ele que cuidou de mim, não há outra explicação. Eu sempre dizia para mim mesma:

- Deus está trabalhando.

4 QUARTA PARTE

TESTEMUNHOS

LETÍCIA FRANÇA

Quando entrei para o ministério de adolescentes da Maranata de Caxias, eu tinha 14 anos, caminhando a passos largos para os meus quinze, quando a tia Marcella ficou doente. Eu não tinha muita proximidade com ela, mas me lembro que a igreja toda, principalmente o ministério de adolescentes, se mobilizou, de modo que sempre orávamos por ela. Mesmo sem ter muita intimidade com a tia Marcella, sempre a admirei por seu carisma cativante de quem ama e se importa muito com a gente. Antes mesmo de assumir a liderança já era alvo do nosso respeito, porque ela ajudava a tia Margarete, que era líder antes dela.

Quando ela ficou doente, toda a igreja sempre orava por sua vida. Quando se falava sobre oração por pessoas doentes ou que estavam em estado terminal, havia uma comoção e nos lembrávamos dela. A oração era a resposta imediata. Eu me lembro de fazer um propósito de oração por ela. Eu era recém convertida na época e não tinha experiência com oração. Na verdade, foi a minha primeira experiência de fazer um propósito por alguém, orando por cura.

Orava por ela todos os dias, entregava-a diante de Deus, pedia que Ele agisse em seu favor e que fizesse a vontade dEle na vida dela. Quando ela se recuperou e voltou para o ministério de adolescentes, lembro dela ainda muito debilitada por conta da doença, mas foi um alívio para todos nós, que intercedíamos muito. Foi minha primeira experiência com Deus de orar por alguém enfermo e ver o milagre acontecer; me senti, além de muito feliz, muito mais próxima de Deus. É difícil explicar a sensação que tive, porque foi uma experiência muito forte com Deus ver o milagre que eu estava orando acontecer.

Debilitada pela doença e precisando de ajuda, ela foi para o nosso retiro, e mesmo carregada, foi lá na frente orar pela gente. Ela foi extremamente usada por Deus, aliás, como sempre. Deus sempre usou a tia Marcella para falar conosco sobre o que precisávamos ouvir.

Nesta ocasião, me aproximei dela chorando muito e falei que tinha orado muito por ela. Depois ficamos muito unidas, e hoje temos uma relação bem consistente, creio até que temos uma ligação de alma, como aquela de Jonatas e Davi. Todo esse período que ela passou adoentada foi um tempo que me aproximou muito de Deus; a tia conseguiu ser bênção na minha vida mesmo estando doente. A vida dela produziu vida na minha, mesmo enferma, pois o fato de buscar a Deus pela cura dela fez com que eu aumentasse minha intimidade com o Senhor, que eu tivesse uma experiência mais profunda com Ele na área da oração.

Sou imensamente grata a Deus pela vida da tia Marcella, por tudo que ela representa para mim até hoje. Ela é mais do que uma tia, é uma mãe espiritual para mim e para vários outros adolescentes - muitos, que assim como eu, já são jovens. A vitória da cura não foi somente dela, mas de todos nós. Vitória grande, regada a muitas lágrimas e patrocinada por muitas orações.

Vivíamos ansiosos por notícias dela, queríamos saber como a tia Marcella estava. Havia grande expectativa pela volta dela. Ela passou um tempo no hospital, em casa, e nossos joelhos se dobraram bastante. Toda notícia positiva fazia com que tivéssemos esperança para buscar mais ainda no Pai sua cura. Foi um momento tenso, mas que provamos mais de Deus vendo um milagre real, que é a vida da tia Marcella.

TELMA DE BARROS

Tudo estava indo às mil maravilhas. Primeiro "Encontrão de Adolescentes" feito na Maranata de Caxias, e eles estavam super empolgados. Cantavam, dançavam, ensaiavam esquetes... era uma agitação nos ensaios, que duraram algumas semanas.

A DOR QUE ABRE OS CÉUS

Na sexta-feira, que foi o primeiro dia do Encontrão, a igreja lotou. Eu nunca tinha visto a igreja lotada de adolescentes em uma sexta-feira. Foi emocionante! Quando cheguei ao prédio, olhei: tudo lotado. Proclamação intensa.

Até então eu via a Marcella ativa, correndo, como é o jeito dela, pois ela se envolve de coração. Se é para colocar a mão na cozinha, ela vai caprichar. Se é preciso subir e descer, ela sobe e desce. Assim é a Marcella, a quem conheço desde criança, minha daminha de honra e a quem tenho como filha. Conheço o jeitinho dela, a moça que se tornou e que tanto amamos.

Na sexta não percebi problema algum, tudo normal, nada de excepcional. Ela estava empolgada, e nada nos fez saber das dores que sentia. A abertura foi empolgante, minha filha Fernandinha, incentivada pela Marcella, fez uma canção, e todos os adolescentes cantavam com a alma.

No sábado, com a mesma empolgação e muito mais cedo, a programação era intensa, e todos ali participavam. A Marcella estava comigo e chegou cedo, acompanhando os últimos detalhes e os pregadores do dia. Outro culto lotado! Gente chegando de longe. Bom demais. Porém, já notei a Marcella cansada, mas era natural. Um fim de semana muito puxado com muitas emoções, só que havia uma coisa diferente: Ela estava com o semblante exageradamente cansado.

No domingo haveria culto de manhã e à noite. No terceiro dia de uma grande vitória, outro culto lotado de manhã. Desta vez, o culto era para todos os membros da igreja. Não que nos outros dias não fossem, mas a maioria era de adolescentes e jovens. Foram até canceladas as aulas da escola dominical. Ouvi-a dizendo que estava com um pouco de dor de cabeça, mas quem não fica? A gente não se tocou, porque afinal, estava todo mundo muito cansado. À tarde ela ainda reclamava da dor de cabeça.

O encerramento foi uma bênção, adolescentes se rendendo ao senhorio de Cristo e muitos experimentando um renovo espiritual. A submissão da Marcella ao Senhor estava permitindo que uma geração fosse marcada pelo mover do Espírito Santo. Só que neste ponto ela já se queixava sistematicamente de muita dor de cabeça. Um analgésico aqui, outro ali, a gente leva tudo para o natural. Devemos investigar nossas dores físicas, pois sabemos das limitações do corpo, mas quem poderia imaginar?

A Marcella continuou sentindo dores durante mais de quinze dias, foi então que, sem saber da gravidade, a notícia chegou: Marcella estava internada e tivera um AVC, ficando em um estado gravíssimo.

Entramos em oração, intercedendo e nos comunicando uns com os outros. Apesar da confirmação dos fatos, eu ainda não acreditava; achava que isso não poderia acontecer com a Marcella, pois era uma moça e tinha tido um AVC! Não tinha nada na família, o que estaria acontecendo? Pensei: Deve ser um erro médico; mas não, não era um engano, era verdade... A mais terrível verdade! Os pastores agitados e mais más notícias chegando. Não dava nem para ficar mais perto, pois a correria era grande.

Depois que ela voltou para casa, fui visitá-la algumas vezes, e meu coração se entristecia muito ao vê-la naquele estado. Porém, ao mesmo tempo havia uma força brotando do coração da vida dela. Houve ocasiões em que ela estava com tanta tontura que não parava sentada, parecia um papel, de tão branquinha. Precisava ser carregada para fazer suas necessidades. Mesmo assim, havia ali uma força maior pairando. É incrível isso... Quando tudo diz "não", ainda há uma voz superior que comanda essas histórias negativas.

Passou um tempo. Ela melhorava das tonturas e foi se recuperando gradativamente. Não tem outra resposta, não tem outra solução; os médicos não entenderam nada, ninguém entendeu nada... Até hoje não se entende. Como assim? Como ela não teve uma sequela gravíssima? Como ela não morreu? Como não ficou numa cadeira de rodas? Como? Como? Para todas essas questões só há uma explicação: a poderosa mão de Deus!

E vimos isso. Contemplamos um milagre. E o milagre tem nome: Marcella!

VIVIANE SALOMÃO

Trabalho com a Marcella, é uma amiga muito querida, muito forte, então quando ela fala "vou ao médico, não estou me sentindo bem", é porque realmente a coisa está feia. Ela não tem frescura, topa qualquer parada.

Marcella ficou quinze dias sentindo uma forte dor de cabeça. Para ter sido um AVC, dá para imaginar que tipo de dor ela estava sentindo, e essa dor persistia! Nós falávamos: "Vá ao médico, vá ao médico!", e ela seguia só no paliativo. Finalmente ela resolveu ir ao médico, e a médica suspeitou logo desse AVC hemorrágico; pediu que fizesse um exame para ontem. Como esse tipo de exame é difícil de marcar para o mesmo dia, ela pediu ajuda para a Claudinha, porque o esposo dela trabalha com isso.

Ele conseguiu marcar o exame na Tijuca, e o Marcos (marido da Claudinha) estava em contato com a esposa, e por ele sabíamos como estavam as coisas. No final do exame, ele falou com a Claudinha: "Claudinha, é melhor vocês ficarem preparadas aí e já orar, porque a coisa não está boa. O problema da Marcella é sério, bem sério".

A Valquíria, a amiga que estava com ela, falou que ela fez o exame, e quando saiu, o Marcos pediu para esperar que o médico viria falar com ela. Isso já era uma coisa estranha. Sempre que alguém faz um exame desse tipo vai embora e marcam outro dia para buscar o exame.

A médica chegou e disse: "Está aqui o seu exame, você vai sair daqui agora e vai para um hospital. Você precisa se internar." Todos ficaram tensos. Já estava caminhando para a noite, e eu estava saindo do trabalho quando ela deu entrada no Quinta D'Or; a gente só ficou acompanhando as notícias ligando um para o outro. Não sabíamos muito bem o que estava acontecendo. Ficamos muito preocupados, sem saber o que fazer. Houve muita tensão e começamos a clamar ao Senhor. Era o que poderíamos fazer, pedir para Deus misericórdia e que Ele pudesse entrar com providência.

Fui visitá-la dois dias depois que ela deu entrada no hospital. Todos estavam com aquela ideia: "a Marcella deve estar em coma". Que nada, ela estava "bem", mas estava internada no CTI. Isso assusta! Só que quando vi a Marcella, me perguntei: "Cadê a menina que está a um passo de perder a consciência porque está com um derramamento de sangue na cabeça?". Ela estava com aquela roupinha de hospital, sentada na cadeira de perninha cruzada, lendo um livro. Até brinquei com ela: "Cadê a moribunda que estava nesse box do CTI?" E ela riu.

Aquilo foi para nós um bálsamo, vê-la daquele jeito, conversando, falando como estava se sentindo. Na verdade, ela não estava sentindo nada, e todo mundo começou a brincar, a fazer piada, porque era uma visão completamente oposta à ideia que tínhamos antes. A Marcella estava ótima, estava linda, loira e bem! Não estava nem abatida. Só não estava maquiada porque não devem ter deixado, porque o cabelo estava intacto (rs).

Mas depois que ela foi para casa, a história mudou um pouquinho. Eu ligava dia sim, dia não. Tinha dias em que não conseguia falar com ela, porque estava muito "grogue", às vezes estava dormindo. Quando fomos visitá-la, eu, Rosane, Malta e Cris, a Marcella estava bem magrinha, bem abatida, um pouco lenta e totalmente sem equilíbrio, mas sempre com aquele sorriso radiante.

O tempo ao lado dela foi muito bom. Aliás, a tia Silvia fez um bolo de casca de banana que eu ainda preciso dessa receita! No entanto, nossos corações estavam preocupados. Conversamos no carro que Deus já havia operado um milagre, já que a Marcella poderia ter morrido. Sabíamos que Deus havia preservado a vida dela, mas o futuro era incerto, e aquilo nos assustava; era muito triste ver nossa amiga, que sempre foi muito ativa, cheia de vida e disposição, daquele jeito. Ela é uma menina de muita fé, garra, equilibrada no meio do furacão; muito determinada, por isso a sua debilidade chegava a ser frustrante.

Ver a Marcella precisando de ajuda para se locomover até o banheiro, para escovar os dentes ou para pentear o cabelo foi uma cena bem triste. Não sabíamos o que Deus tinha para ela. Será que ela vai ficar assim? Será que ela não vai mais poder trabalhar? Não vai mais poder ser quem ela era? Íamos acompanhando e orando incessantemente pela vida dela e, milagrosamente, recebemos a notícia de que ela voltaria ao trabalho!

No dia que ela voltou para a rádio, ela estava com um macacão jeans preto - estava linda e feliz! Eu falei: "O que você está fazendo aqui? Por que você voltou? Você ainda tem um tempo para ficar em casa!". Ela falou: "Você está chateada comigo?" Respondi: "Não, ao contrário, acho que você não tinha que estar aqui, tinha que aproveitar cada segundo de descanso para se recuperar, para ficar bem". Ela disse: "Eu preciso trabalhar. Vou ficar bem trabalhando". E assim foi, ela saía às duas da tarde. Mesmo assim, cumpria todas as suas tarefas! Foi assim durante um tempo...

Só temos a agradecer a Deus pelo que Ele fez na vida da Marcella e pelo que tem feito em nossas vidas através da vida dela. Foi uma fase difícil, triste, ruim, preocupante, mas glórias a Jesus pelo final maravilhoso e feliz! Nossos corações são gratos ao Senhor. Esse livro servirá para abençoar a vida de muita gente. A gente não sabe quais são os desígnios do Senhor para a vida de cada um de nós, mas quando a gente ouve que alguém chegou tão perto da tragédia e, contudo, Deus pega na mão e o traz de volta, isso fortalece a nossa fé.

ALESSANDRA DE SOUSA

Conheço a Marcella desde a sétima série. A mãe dela me deu aula particular, e assim nasceu a nossa amizade. No segundo grau, estudamos juntas no Colégio Miguel Couto da Ilha do Governador. Éramos muito amigas e muito coladas. Eu não era convertida, nem a minha família. Depois que terminamos o segundo grau, cada uma foi para a sua faculdade. Eu fiz odontologia, Marcella fez jornalismo. Nos envolvemos em nossos novos mundos e ocupações, fomos nos distanciando e o tempo foi passando.

Depois de alguns anos, a minha mãe, que sempre foi ouvinte da Rádio 93 FM, escutou o JR pedindo oração pela Marcella e ela comentou comigo, pois já era o terceiro dia que ele pedia oração. Minha mãe falou: "Alessandra, aconteceu alguma coisa, sempre pedem oração pela Marcella". Respondi: "Ah não, mãe, ela deve ter quebrado a perna ou torcido o joelho, não deve ter acontecido nada não".

Temos uma amiga em comum que era vizinha da Marcella, então perguntei-lhe: "Aconteceu alguma coisa com a Marcella? Porque a minha mãe escutou no rádio que estão pedindo oração". A Rafaela respondeu: "Você não soube? Ela teve um AVC". Perplexa, respondi: "Um AVC? Como ela está? Quero visitá-la". Marcamos e fomos à casa dela. Confesso que tinha receio de como iria encontrá-la, e fazia muitos anos que não nos víamos. Chegamos lá de surpresa. Fomos entrando... Fiquei um pouco chocada, pois ela estava muito magra, pálida, debilitada e mal conseguia ficar sentada; estava muito, muito fraquinha, e falava um pouco embolado. Aquela cena me marcou!

Ela ficou surpresa ao me ver e parecia feliz. Resolvi voltar no outro dia, no outro também, e passei a ir à casa dela todos os dias depois do trabalho. Conforme os dias iam se passando, ela foi melhorando, e com o passar dos meses ela voltou à vida normal. Ela começou a pregar, e sempre me convidava para ir. Passei cerca de dois anos indo com ela em quase todas as igrejas em que pregava.

Numa pregação dela na Ilha do Governador, me converti! Enquanto ela fazia o apelo, fui à frente e confessei Jesus como meu Único e Suficiente Salvador! Que dia feliz! Marcella desceu do púlpito e foi orar comigo. Jamais esquecerei de como meu coração parecia que ia explodir, de como minhas pernas bambearam e de como eu sabia que Deus estava falando comigo.

Fico pensando que Deus tinha um plano para mim, e isso envolvia a Marcella, porque na minha casa éramos somente "amigos" do Evangelho. Nós íamos à missa, íamos aos cultos de amigos, mas nunca havíamos tomado uma decisão. Depois que a Marcella teve a doença, me reaproximei dela e pude ver como ela ama a Jesus, como ela é obediente ao Senhor e como sua vida é voltada para as coisas de Deus. Para mim, ela é um exemplo de caráter, um exemplo de líder e de amiga.

Ver o agir de Deus na vida da Marcella me faz agradecer todos os dias. O que mais me marca nela, enquanto a acompanho no ministério, é ver a o seu amor pela obra, a sua obediência e submissão e o seu amor por Deus. Se hoje eu, o meu pai e a minha mãe estamos caminhando com o Senhor, primeiro agradeço a Deus, e depois à Marcella, porque foi através dela, através das orações e da persistência dela comigo que sou convertida a Jesus hoje. Ela nunca desistiu de mim, sempre persistente para eu me decidir, para eu caminhar, para eu não ter medo, e hoje, se eu sou uma pessoa mais madura, se sou mais amorosa, uma nova criatura, alguém que pensa antes de agir, devo isso à Marcella, que me apresentou a um Deus maravilhoso, um Deus de cuidados, amoroso, justo e fiel!

Não entendo os caminhos do Soberano, mas sei que eu e minha família estávamos nos planos Dele ao permitir que a Marcella passasse por tudo aquilo. Ela nos ganhou para Jesus, e somos os três firmes com Deus e atuantes na igreja. Faço parte do ministério de adolescentes com ela hoje. Amo trabalhar na igreja, amo estar ali, e nem me imagino longe daquele convívio.

CLAUDIA MÉRIDA

Eu e Marcella trabalhamos juntas na Rádio 93 FM há mais de 10 anos. Em julho de 2011 ela começou a reclamar de constantes dores de cabeça. As dores eram fortes, e ela decidiu que iria a um neurologista. Pelo exame clínico, a médica disse que poderia ser um quadro de hemorragia. Ela assustou a Marcella e pediu que ela procurasse, com certa urgência, uma clínica que fizesse ressonância magnética. No Rio de Janeiro, mesmo com plano de saúde, não se consegue marcar um exame com rapidez para o mesmo dia ou para o dia seguinte.

A conversa foi assim:

- Ah meu Deus, preciso fazer um exame que a médica pediu, ela me assustou e estou passando mal, realmente não estou bem. Estou assustada e preciso fazer esse exame o mais rápido possível.

Lembrei-me na hora do meu marido e disse:

- Marcella, meu marido trabalha numa clínica de imagens, vou ver o que pode ser feito. Você sabe que não é fácil marcar assim de repente.

Liguei para o meu marido e lhe passei um breve relatório do ocorrido; falei que era minha amiga, disse que ela estava sofrendo e ainda lhe disse qual era a suspeita da médica. Pedi ajuda mesmo. Ele disse assim:

- Me deixe verificar na agenda e falar com a médica para ver se conseguimos um encaixe.

Poucos minutos depois ele me ligou, e disse que ela poderia ir no final da tarde em busca de um encaixe. Ela foi. Eu e as meninas do trabalho ficamos na expectativa de receber boas notícias. Porém, no final da tarde, meu marido me mandou uma mensagem de texto dizendo:

- O "negócio" não está bom.
- O que ela tem? Você está me assustando!
- Já vou lhe dar as informações precisas. Preciso do laudo da médica, mas parece que ela teve um AVC, uma hemorragia, e a situação não é boa.

Fiquei assustada e passei a orar a Deus. Depois da confirmação, meu marido me contou que a médica reiterou o diagnóstico e falou que precisavam tirá-la de lá rapidamente e levar para um hospital. Ela foi para o Quinta D'Or, e o laudo foi confirmado.

Deus fez tudo na hora certa, conduziu tudo e, por fim, realizou o milagre da cura dela. Na época, ouvimos a voz de Deus e isso a ajudou. Como foi bom poder fazer parte dessa história de milagre na vida da Marcella!

SILVANE FIGUEIREDO

Milagre! Ver a Marcella hoje a todo vapor, depois de tudo o que ela passou, só pode ser ação de um Deus poderoso. Trabalhávamos juntas no estúdio, e ela passou a se queixar, todas as manhãs, durante duas semanas, de fortes dores de cabeça, principalmente na nuca. Eu massageava e tentava ajudar, já que ela trabalha no Debate da 93 e precisava estar concentrada para ter um bom desempenho.

Quando ela foi para o hospital e soubemos do diagnóstico dela, ficamos impressionados com sua resistência de continuar trabalhando diante de um quadro tão grave. Ela suportava a dor e seguia trabalhando. O que ela teve foi terrível! Ficamos abaladas ao saber. Depois dela ter sido internada e ter ido para casa se recuperar, teve efeitos colaterais devastadores. Ficou sem poder andar, sem comer e nem falar direito! Sentimos muita dor por ela, e muita tristeza. Sempre que eu telefonava, ela estava vomitando ou passando do mal, sem sequer poder atender ao telefone.

Passamos meses em oração. E hoje repito, a Marcella é um grande milagre que anda! Os propósitos de Deus estão se cumprindo na vida dela. Glória a Deus!

VALQUÍRIA FERREIRA

Eu e a Marcella tínhamos o hábito de encontrar-nos todas as noites após o trabalho para correr. Ela começou a se queixar de fortes dores de cabeça, mas as associava à correria do dia a dia, do trabalho e das responsabilidades da igreja. Ela realmente achava que era cansaço e pensava que se descansasse não teria mais as dores. Outro indício diferente desse período foi que, voltando de uma de suas pregações, ela dormiu. Digo diferente porque ela não tinha, em absoluto, o hábito de dormir no carro depois de pregar. Por mais distante que fosse o trajeto, por mais cansada que ela estivesse, sempre se mantinha firme, vinha conversando comigo, mesmo que visivelmente cansada. Quando eu percebia o cansaço, eu dizia:

- Dorme, quando chegar em casa eu te acordo. E ela respondia:
- Não, o copiloto precisa estar tão acordado quanto o piloto. E esse era o lema dela. E neste dia ela dormiu e eu brinquei:
- Ué, o copiloto dormiu? Hoje sabemos que já era reflexo da doença.

Quando a dor se intensificava, ela pedia que eu massageasse e apertasse. E dizia:

- Coloca força aí!

Depois que os devastadores sintomas se apresentaram, houve um dia que ela precisou ir ao otorrino para tratar seu desequilíbrio. Ela mora no quarto andar de um prédio sem elevador e você imagina o que é para uma pessoa sem equilíbrio subir e descer quatro andares. Era bem desgastante. Neste dia, ela me olhou como quem diz: "Não quero ir". E foi a única vez que vi a Marcella "chorando" e dizendo: "Não quero ir".

O médico fez todos os exames e disse que a Marcella ficaria com sequela de equilíbrio. Meu tio Carlinhos levou aquele baque... Isto significava que ela nunca mais teria sua vida de volta, mas ela olhou para ele e disse:

- Calma, pai, Aquele que começou a boa obra é fiel para completá-la. Naquele dia saímos abatidos: ela, muito pensativa; meu tio, cabisbaixo; mas todos crendo que o Senhor faria a obra.

Ao chegarmos, a colocamos no quarto para que ficasse um pouco sozinha. Em momento algum víamos a Marcella triste pelo que estava acontecendo. Eu nunca a vi reclamar! Ao contrário, sempre glorificava. Sua família inteira fazia o mesmo: ela, seu pai, sua mãe e sua irmã.

O coração da Marcella se encheu de alegria no dia em que nossos adolescentes foram visitá-la. Apesar de tudo, podíamos ver o cuidado de Deus. Ele acalentava o coração dela com as visitas e com tantas demonstrações de amor.

Ela tinha um radinho de pilha e ficava agarrada a ele, sonhando com o dia em que, talvez, pudesse voltar a fazer parte novamente daquele mundo. Sonhava também com os adolescentes e quando voltaria a trabalhar com eles. Foram dias realmente difíceis, e além disso, não sabíamos o que haveria no futuro.

O que mais me marcou foram os olhares dela, pois começou a sentir dores fortíssimas no estômago, devido aos fortes remédios que tomava. Ela se contorcia e fazia um olhar de dor, mas não reclamava. O almoço e o jantar chegavam e ela tinha dificuldade de comer. Sempre tinha que ter um líquido para ajudar na mastigação e para ajudar a engolir. Por vezes, não conseguia respirar direito nesse processo.

Ainda me lembro de seus primeiros passos. Foi um dos dias mais felizes para toda a família e para quem a acompanhou. Depois de muito ser carregada de um lado para o outro, depois de precisar de ajuda para ir ao banheiro, ela finalmente conseguiu dar os primeiros passos. Meus tios ficaram alegres e extremamente gratos a Deus.

Foram dias de muita dor, mas também de alegria, porque vimos que o Senhor não a desamparou em momento algum. Ele cuidava dos detalhes e das pequenas coisas; foi um tempo de grande aprendizado.

SHIRLEY CAVALCANTE

Além de Deus ter operado um milagre quando a doença se manifestou, Ele continuou operando milagres maiores a cada dia, porque os efeitos do AVC prometiam limitá-la por toda a vida, mas não limitaram em nada. Marcella voltou a andar, a ter coordenação motora, e não ficou com sequela alguma!

O mais incrível é ver que a alegria de viver e de adorar ao Senhor nunca se apartou dela, nem quando estava na cama, nem quando ouviu o parecer de médicos, dizendo que se ela vivesse teria sequelas. Nada disso abalou a fé da minha sobrinha e a esperança de se levantar.

Hoje, ela tem uma vida super ativa mais do que a da maioria das pessoas da idade dela. Ela se doa para Deus e para a Sua obra. Mesmo sabendo que deveria ter alguns cuidados especiais e limitações, ela segue vivendo corajosamente, como se nada houvesse acontecido. Cremos que ela não tem nada agora, porque Deus a salvou, restaurou, operou o milagre da cura e a vida dela está nas mãos dEle. Louvado seja Deus por isso!

Além de ser uma pessoa muito especial, ela tem uma mãe que ora, o que faz toda a diferença. Em momento algum minha irmã se abalou, se prostrou ou ficou deprimida. Ela louvava a Deus e cria na vitória da filha. Nós só podemos dar glórias a Deus pelo cuidado que Ele tem com a Marcella, e cremos que ainda tem muito para fazer através da vida dela. Agora só nos alegramos com este novo momento em sua vida, e essa história precisa ser contada, porque trará muita esperança para outras pessoas que podem ter o mesmo problema ou qualquer enfermidade.

MILENA CARRASQUEIRA

Quando as notícias do que estava acontecendo chegaram, ficamos muito preocupados e apreensivos, pois ninguém sabia direito o que havia acontecido. Fomos pegos de surpresa e ficamos atônitos com as informações que iam chegando. Só tínhamos convicção de que Deus estava no controle da vida da minha prima.

Quando fui visitá-la, fui com meu pai comprar um encosto para ajudá-la a sentir-se confortável. Não foi fácil ver a Marcella daquele jeito. Já tivéramos, alguns da geração dos nossos pais acamados com doenças e cercados de grandes livramentos, porém era a primeira vez que a nossa geração passava por momentos tão difíceis e com um quadro tão turbulento.

Volto a dizer, foi bem difícil; me emociono quando me lembro, pois nunca tinha visto minha prima assim, de cama, com dificuldade de se comunicar, sem conseguir se levantar. Foi duro manter a serenidade no olhar. Oramos, tivemos um bom momento, mesmo que não tivéssemos ainda uma perspectiva palpável, com uma previsão de tempo de quando ela melhoraria. Só havia planos para conhecer novos médicos e realizar exames complementares.

Foi complicado demais vê-la ali, linda, jovem, cheia de projetos e sonhos pela frente, e sem nenhuma perspectiva de melhora. Mesmo assim, críamos que Deus agiria naquela situação. Meu pai e eu voltamos para casa e conversamos muito sobre essa situação - de como iríamos nos posicionar com firmeza, dando força para que a tia Sílvia, o tio Carlinhos e a Melissa, que estavam ali auxiliando e precisavam permanecer firmes, tivessem nosso apoio. Tia Sílvia é muito forte; já encarou situações semelhantes com muita segurança, mas queríamos estar próximos como família. Na verdade, mais do que família biológica, queríamos nos posicionar como família da fé em oração e em propósito, sabendo que Deus operaria um milagre.

Foi um período relativamente longo, mas tivemos um alívio rápido, com notícias de pequenos avanços, de situações sem solução aparente, até o dia em que ela se levantou. Os pequenos avanços se tornaram grandes progressos, e víamos claramente a mão do Senhor. Não havia outra explicação... A cada melhora, glorificávamos muito o nome do Senhor, até o dia em que tivemos a informação de que ela voltaria a trabalhar.

Nós dizíamos:
- Gente, é muito cedo!

Ao mesmo tempo, a equipe do trabalho dela foi espetacular. Eles não viraram as costas para ela em hora alguma. Permaneceram com a Marcella, assim como ela sempre permaneceu com eles, e isso nos dava grande alívio e conforto, até o dia que soubemos que ela voltaria! (Risos e lágrimas).

Mesmo não estando 100%, ela foi forte, e naquele momento mostrou como a fortaleza de Deus se manifesta em nós. Foi uma bênção acompanhar os primeiros dias, os primeiros retornos. Por vezes, recebíamos notícias que ela havia se sentido um pouco tonta, que não se sentia bem, mas que permanecia firme e continuava indo.

Tivemos uma confirmação de que o milagre havia se consumado. Para a nossa geração de filhos, aquilo era um marco. Realmente, ver aquela cena da minha prima travada na cama e vê-la hoje linda, animada, feliz, bem resolvida, realizando projetos, trabalhando, liderando adolescentes, transmitindo bênçãos e sendo mais uma prova viva do quanto Deus é capaz, é maravilhoso!

Muitos dizem que os milagres ocorreram somente nas gerações passadas, mas a Marcella é uma prova, é uma voz da bondade e do poder de Deus. Louvo ao Senhor por ter mais uma prova do cuidado e da misericórdia dEle e de ter o milagre tão perto, pois o que foi retido no período da dor, foi-lhe restituído abundantemente. Tudo aquilo foi muito produtivo em termos de vitória na vida da Marcella e de muitas pessoas que têm tido a oportunidade de conhecer o testemunho dela.

É sempre bom glorificar o nome do Senhor, principalmente quando podemos ver o antes e o depois do milagre, sabendo que Ele é Aquele que nunca tira, mas sempre acrescenta. Saber ainda que Ele, somente Ele, é poderoso para transformar o que pedimos em algo muito melhor e acima do que poderíamos imaginar.

5 QUINTA PARTE

UMA ÚLTIMA PALAVRA

Obviamente, essa história é muito louca e confundiu os homens da ciência. Médicos diferentes chegavam para olhar meu prontuário, e depois olhavam para mim, e foi assim que ouvi:

- Olha, não explicamos como você sangrou e muito menos como deixou de sangrar. E o mais impressionante é como conseguiu sair ilesa de tudo isso.

Depois de conseguir me recuperar dos sintomas do AVC, visitei alguns hematologistas para saber sobre a Sídrome de Von Willebrand, e todos disseram que com meu histórico não havia o que ser feito, a não ser me alertar sobre o perigo de novos sangramentos. Segundo eles, é provável que na cabeça eu não sangre nunca mais. Porém, posso sangrar em qualquer parte do meu corpo, com risco de perder a vida. O diagnóstico deles é que sou uma "bomba ambulante".

Assim que voltei a trabalhar na rádio, recebi o apelido de "milagre andando sobre a Terra", e confesso que prefiro esse à "bomba ambulante". A pergunta recorrente é se eu acredito que o meu Deus pode me curar da síndrome, e a minha resposta sem dúvida alguma e sem nem pestanejar é SIM!

Deus me curou de maneira milagrosa do AVC hemorrágico, e as pequenas marcas que trago em meu corpo (entre elas uma espécie de mancha roxa no cérebro que comprova em qualquer exame de imagem que tive um sangramento cerebral) são para glorificar Àquele que é grande e soberano em tudo o que faz.

Basta apenas uma palavra do meu Deus e eu estarei curada! Glórias a Ele, mais um testemunho de cura! Só que nos dias que passei em cima da cama, meu Pai de Amor me mostrou que o que eu não merecia Ele me deu: a minha salvação. Qualquer coisa além disso é lucro: *"Porque para mim, o viver é Cristo e o morrer é lucro"* (Filipenses 1:21).

O meu Senhor sabe o que é melhor para mim, e assim, Ele me sustenta dia após dia debaixo de Suas asas e de Seu grandioso amor. O servo não dá ordens ao seu Senhor; o meu Senhor é bom, e bom em todo o tempo! Se Ele me curar, louvado seja o nome dEle, se Ele não me curar, bendito seja Aquele que faz de mim um milagre todos os dias!

E assim, termino dizendo a você, querido leitor, que me deu o prazer da sua companhia até agora, que de uma coisa eu sei: é para Ele e com Ele que quero viver cada um dos meus dias, sejam muitos ou poucos, mas certamente em cada um desses dias viverei para glorificar, testemunhar, adorar e amar Aquele que é a razão do meu viver!

No amor do Senhor,
Marcella Bastos

Compartilhe Suas
impressões de leitura escrevendo para:
contato@autordafe.com.br

www.autordafe.com.br